JN117007

「12番目の選手」として
チームとともに戦い続けたファン・サポーター。
彼らの存在がなければ、
Jリーグ制覇は成し遂げられなかっただろう。

15ゴールを挙げ、得点王のタイトルを分け合ったマルコス・ジュニオール(写真左)と仲川輝人(写真右)。リーグ最多68得点を誇る攻撃陣の中核を担った。

常に主導権を握り、相手を圧倒するアタッキングフットボールでチームを栄冠に導いたアンジェ・ポステコグルー監督。

adidas
SSAN

令和最初のJリーグチャンピオンに輝いた横浜F・マリノス。2019シーズン限りで現役引退を表明していた栗原勇蔵の花道を飾った。

横浜F・マリノス

―変革のトリコロール秘史―

藤井雅彦

WANI BOOKS

はじめに

「優勝してほしいんです。優勝するチームを取材してみたいんです」

あれはたしか2019年のシーズン開幕から数試合を終えた4月上旬のこと。

小倉勉スポーティングダイレクター（以下、小倉SD）との会食の席で、ついつい熱っぽく訴えてしまった。

氏は黙って頷いた。

すぐに景気の良い言葉が返ってきたわけではないが、番記者が発した半ば挑発に近い言葉にしっかりと呼応してくれた。

「優勝、したいなぁ。オレもJリーグで優勝したことがないねん」

関西弁ならではのイントネーションのなかにも、普段のやり取りにはない強い意欲が感じられた。

開幕2連勝と最高のスタートを切った横浜F・マリノスだったが、以降は3試合勝ちなし（2分1敗）と足踏みを続けていた。

それでも小倉SDは、ポステコグルー監督が提唱する攻撃的なスタイルに可能性を感じていた。前シーズン12位と惨敗に終わった就任2年目もチームを指揮するバトンを託した最大の理由でもあった。

「このサッカーを完成させて結果を出すには時間がかかる。絶対に成功する確信があったとは言えないけど、その可能性は感じてるよ。ポゼッションして主導権を握って結果を出すサッカーは、結果に対して遠いようで近いことを知ってる。オレは勝負の世界で生きてきた人間やから」

約8カ月後の12月7日、横浜F・マリノスは頂点に立った――。

試合後、日産スタジアムのエントランスに関係者が入り乱れるなか、小倉SDは自分の姿を見つけて手を差し伸べてくれた。

「ありがとう。いろいろと協力してくれて、本当にありがとう……」

力強さもあったが、何よりもその気持ちが温かかった。想像を絶するような重圧から解放されたからこその柔和な笑みが強く印象に残った。

2006年の夏、サッカー専門紙で横浜F・マリノス担当を命じられた自分にとっては、悲願の戴冠だ。

そして、待ちに待った瞬間は〝キックオフの合図〟でもあった。

優勝する以前から、ある使命感に駆られていた。

目に見える結果を手にしたのは2019シーズンだが、そこに至る過程にはさまざまな出来事があった。それらは、すべてが横浜F・マリノスの歴史として1本の糸でつながっている――。

幾多の困難を乗り越え、ようやく手にしたチャンピオンの座だ。だからこそ知られざるエピソードたちを一冊の書籍にまとめることで後世に伝えたい。

本編に登場する人物は、全員が横浜F・マリノスの発展に貢献した功労者だ。それぞれの立場と局面で汗を流し、ときには苦しさを伴いながら、身を粉にしてクラブに心血を注いできた人間ばかりだ。

複雑に入り組んだ歴史を活字にしてまとめるのは、容易な作業ではない。そのすべてを記憶することは難しく、記録に残っているわけでもない。でも、だからこそチャレンジする価値がある。

アタッキングフットボールで優勝を勝ち取った横浜F・マリノスに似た挑戦だ。

トリコロールは1日にして成らず。

変革はいかにして実行され、優勝という形でひとつのフィナーレを迎えたのか。

その足跡をできるかぎり詳細に記していく。

横浜F・マリノスを愛する方々とともに、荒波への航海に出掛けたい。

CONTENTS

はじめに　2

プロローグ　―ドキュメント「優勝の裏側」―　14

第1章　変革前夜　25

源流をたどった先に見え隠れする守備の伝統　26

好敵手の存在がスタイルとプロ化の羅針盤に　30

Jリーグ初制覇と若き守護神・川口能活　34

個が輝きを放つ一方で、タイトルからは遠ざかる　37

「勝敗の神は細部に宿る」　39

松田直樹と中澤佑二は互いを認め合っていた　44

5年連続の中位 チームは過渡期を迎えていた 48
嘉悦朗社長就任 そして木村和司監督招聘へ 52
中村俊輔が7年半ぶりに復帰 54
忘れられない記憶 2010年末に起きた〝事件〟 57
寸前でこぼれ落ちた「優勝」の二文字 59
モンバエルツ監督に発掘された若き才能たち 61
そして中村俊輔は移籍の道を選んだ 64
齋藤学が示した覚悟 そして決断—— 66

第2章 深海から頂へ 73

前オーストラリア代表監督がやってきた 74
もがき苦しんだ1年目とそこで見えたかすかな光明 77

CONTENTS

鉄人の引退 中澤佑二が残したモノ 81
山中亮輔の移籍と背番号10の行方 84
喜田の静かなる闘志 畠中の腹をくくった開き直り 87
新キャプテンは三者三様のパーソナリティ 91
開幕2連勝と起死回生の同点ゴール 95
システム変更がターニングポイントに 99
逆転負けを喫した清水戦後のロッカールームにて 102
最初の首位攻防戦 4失点黒星にも下を向くことなく 107
遅咲きの29歳が新たな守護神に 109
最後まで笑顔で旅立ちのとき 114
移籍ウインドー時期の誤算と3連敗 118
連敗脱出 5得点大勝で光が差す 120
松原健の復活劇 123

「これは優勝あるよ」（大津祐樹） 126
優勝するために、仲川はあえて苦言を呈した 129
スタイルチェンジを受け入れるという選択 132
だからエリキはいつも笑顔でいる 135
この街にシャーレを この街に頂点を 138
松本の地でついに首位浮上 141
追われる立場になっても横浜F・マリノスは変わらなかった 143
紆余曲折を経て届いた日本代表入りの吉報 146
大津祐樹と扇原貴宏は仲間を信じた そして―― 149
MVP仲川輝人を支えたひとりのスカウト 152
プロ入り目前の悲劇と横浜F・マリノスへの感謝 155

第3章 革命家アンジェ・ポステコグルーの正体 159

ボスは多くを語らない 160
「チームメイトという枠を超えて家族になる」 164
サッカーを愛する父親は厳しく、褒めなかった 166
アタッキングフットボールを信じる男 169
感情表現を豊かにする理由 172
3つのデバイスで同時に試合動画を再生!? 175
ボスを支えた右腕 177
チャンピオンチームを作ったトレーニング方法 181
ファミリーのためならば苦手な絵も描く 183
スタイルの結晶となったシーズン68点目 186

世間が作った偶像を味方につける 189

第4章 チーム統括本部の奮闘と情熱 195

優勝の舞台裏で汗を流していた者たち 196
アイザック・ドルから小倉勉へバトンが渡る 198
実績を持つスペシャリストが集っていった 201
トップチーム人件費はリーグの7～8位 204
補強のゴール地点をどこに設定するか 206
偶然ではなく必然を追い求めて 210
優れたリカバリー能力と3D補強 213
海外移籍という「波」今後の展開は? 215
日本代表選手が続々と誕生するワケ 218

未来を担う萌芽を育てるために 221
こうして「日本の宝」は巣立っていった 223

第5章 CFGという名の新時代のパートナー 227

シティ・フットボール・グループとの出会い 228
世界的サッカー事業グループの傘下に 230
CFGの協力を得て加わった指揮官とアタッカー 232
改革を断行し、クラブは揺れ動いた 235
そして訪れた歴史のターニングポイント 238
さまざまな分野でノウハウを生かしていく 241
〝違い〟を生み出す外国籍選手をいかにして獲得したのか 243
マンチェスター・シティと初対戦 世界基準を肌で感じる 246

幾多の困難を乗り越え、物語は次のフェーズへ 250

第6章 トリコロールの未来 253

横浜F・マリノス一筋18年を満喫 254
クラブシップ・キャプテンという〝新たなカタチ〟で 256
「全部、マリノスのおかげ」 258
9年半ぶりに復帰し、偉大な父を追いかける 261
次はアジアの舞台で暴れまくる 263
物語を紡ぐ者たち 266

おわりに 270

プロローグ ―ドキュメント「優勝の裏側」―

3対0。

大型ビジョンに刻まれた数字が光り輝いている。

アディショナルタイム6分を過ぎ、木村博之主審が吹いた試合終了のホイッスルは、横浜F・マリノスにとって15年ぶりのリーグタイトル獲得を意味していた。

待ちに待った優勝の瞬間、サポーターの声すべてがひとつに重なり、超満員に膨れ上がった日産スタジアムに響き渡った。

選手たちはそれぞれの方法で歓喜を表現した。

左腕にキャプテンマークを巻いた喜田拓也は、何が起きたのか信じられないといった表情で立ち尽くした。あふれ出る涙をこらえようとしたが、それは難しかった。直後、視界の外から誰かに強く抱きしめられる。累積警告による出場停止という無念を味わった扇原貴宏だ。

「最初からキー坊（喜田）のところと決めていた」という扇原と、そして喜田。ふたりのキャプテンが交わした熱い抱擁に、夏にベルギーへ旅立ったもうひとりのキャプテン天野純も目頭を熱くしたに違いない。

シーズン後半に定位置を取り戻した松原健は仰向けに寝転がり、暗くなり始めた横浜の空に向かって両腕を突き上げる。

「FC東京戦が決勝戦とするならば、自分にとって決勝戦は3回目の舞台。天皇杯決勝とルヴァンカップ決勝はどちらも勝てなかった。寝そべったのは同じだったけど、気持ちはまったく違いました。顔を上げた瞬間、サポーターが喜んでいる景色が目に飛び込んできました——」

何も聞こえない異空間に瞬間移動したが、すぐに大津祐樹が抱きついてきたことで現実に引き返してきた。マウントポジションを取られた松原は、大津の圧力に屈した。

その大津は前節・川崎フロンターレ戦で負傷し、優勝決定戦にベンチ入りできなかった。それでも1年間苦楽を共にした事実はまったく色褪せない。全力疾走するのが難しいため広瀬陸斗におんぶしてもらってグラウンドへ向かい、仲間と喜びを分かち合うことができた。

ベンチの前ではアンジェ・ポステコグルー監督が力強いガッツポーズを繰り返していた。隣にいたピーター・クラモフスキーヘッドコーチと抱き合う。

その後、スタッフ陣の労をねぎらい、ゆっくりとした足取りでタッチラインをまたいで選手たちとスキンシップを図る。順番に固い握手を交わし、後ろから髪の毛をくしゃくしゃにして愛情を表現した。

普段はあまり表情を崩さない指揮官も、この瞬間ばかりは頬を緩ませた。全力を尽くした選手への感謝か、あるいは長いシーズンを戦い終えた安堵か。前年は12位という厳しい結果だった。周囲の低評価を覆す就任2年目でのリーグ制覇である。

「横浜にシャーレを取り戻しました！」

サポーターが唄うチャントに応えた喜田の優勝スピーチは、多くの人々の涙腺を崩壊させた。

優勝に向けて、圧倒的に有利な状況で迎える最終戦だった。

前節、前年度チャンピオンの川崎フロンターレを4対1で粉砕し、文字通りの王手をかけると同時に〝貯金〟を作り出すことにも成功した。雌雄を決する最終戦のFC東京戦は引き分け以上で文句なし、仮に敗れたとしても3点差までなら横浜F・マリノスが優勝という条件で迎えた。

最終週は練習グラウンドにメディアが大挙して押しかけた。いつも通り過ごすのが最も難しい環境下で、それでも選手たちは浮足立っていなかった。

ややもすれば余計なプレッシャーを与えかねないメディアの質問にも、選手たちは冷静に、そして真摯な姿勢で応対する。「優勝」の二文字ではなく一戦必勝を唱えることで、喜田は目の前の試合に集中した。

「まだ何も決まっていない。いまの時点で満足している人や喜んでいる人はいない。勝つためにやるべきことをやれば、結果はついてくる。僕たちは最初から助け合って、信じ合って進んできた。でも何かを掴んだわけではない。ファン・サポーターも楽しみにしていると思うし、自分たちも楽しんで勝ちたい」

2018年の途中から編成の長であるスポーティングダイレクターを務める小倉勉も、チームがブレていないことに自信を深めていた。

「今年のチームは、得失点差で有利はあまり関係のないチームだから（苦笑）。有利な状況でも攻めるだろうし、追う立場ならもっと攻める。監督を筆頭に『優勝するために守備をやりましょう』とはならないチームだった。FC東京戦の前も、監督が言っていることはそれまでとまったく変わらなかった。『自分たちらしく攻め続けるぞ』と繰り返していた。

もし最後の最後に『優勝するために守ろう』と指示を出していたら選手は迷っていたかもしれないけれど、監督は首尾一貫していた。セオリーとしては追われる立場のほうが難しい。首位に立った瞬間、それまでなかったプレッシャーがかかる。ただ、そこに関してもあまり心配していなかった。3位でも2位でも1位でも戦いぶりは変わらないと思っていたし、実際に変わらなかった」

こうして、すべてが決まる最終戦の火ぶたが切られた。

会場の日産スタジアムにはJリーグのリーグ戦では史上最多となる63、854人が詰めかけ、両チームのサポーターを中心に試合前から激しい応援合戦が繰り広げられた。

午前中から降っていた雨はほとんどあがり、スリッピーなピッチでボールが滑りやすくなる絶好の舞台を横浜F・マリノスのために用意してくれた。

キックオフからしばらくは、最低でも4ゴールを必要とするFC東京の鋭い出足にやや劣勢に立たされた。対極的なスタイルである『堅守速攻』を地で行く相手は、横浜F・マリノスが得意とするポゼッションに真っ向勝負を挑んできた。

最後尾に陣取るGK朴一圭はチーム全体に若干の硬さを感じ取っていた。

「序盤は相手の圧力を感じました。4点以上取って優勝するというFC東京の覚悟や意思が見えました。それもあって自分たちは普段通りのポゼッションをするのが難しいところもありました」

我慢の展開を余儀なくされる。すると、その朴が流れを引き寄せるビッグセーブを披露する。前半23分のことだった。

ディフェンスラインを押し上げたタイミングで、FC東京がアバウトなロングボールを放り込んできた。このボールに反応したのはオフサイドポジションにいた選手ではなく、快足自慢の日本代表FW永井謙佑。瞬く間にGKと1対1のシチュエーションを迎え、横浜F・マリノスは絶体絶命のピンチを迎えた。

しかし朴は冷静だった。後ろから懸命に追いかけるチアゴ・マルチンスがコースを狭めたおかげでシュートコースは限定されていた。朴自身もシュートを打たれる瞬間に、すかさず間合いを詰める。

「自分が前へ出られず、ディフェンスラインの背後を取られるシーンはどうしても出てくる。それを想定して、1年間そういったシチュエーションの練習をやってきた。だからストップできたのは練習の賜物。あのピンチを防げたことが試合の流れとしては大きかったと思う」

的確な判断と体を張ったセービングによって横浜F・マリノスは絶体絶命のピンチを逃れた。

苦しい流れをせき止めたことで、風向きは確実に変わった。

前半26分、横浜F・マリノスに待望の先制点が生まれる。右サイドでエリキが起点となり、中央でボールを受けた和田拓也は少ないタッチ数でティーラトンへ。タイ代表の左サイドバックが迷うことなく左足を振り抜くと、シュートは相手選手に当たって大きな弧を描きながらGK林彰洋の頭上を越えてゴールネットへ吸い込まれる。

前半終了間際の44分にはマルコス・ジュニオールのパスを受けたエリキが左足で流し込んで追加点を挙げる。夏に加入したエリキはこの試合でも非凡な決定力を発揮し、終盤12試合で8得点の固め打ち。ゴール後はいつもどおりに母親と妻に向けて愛情を示すパフォーマンスを披露した。

後半22分に朴一圭が一発退場になる想定外のアクシデントに見舞われても、たくましくなった横浜F・マリノスは一切慌てることなくゲームを進めた。中澤佑二が引退した後のディフェンスラインをリーダーとして仕切った畠中槙之輔は、あくまでも冷静沈着に言う。

「良いことも悪いこともたくさんの経験を経て、ようやく優勝目前のところにたどり着いた。だから不思議と自信があったし、10人になってからの戦い方もみんなが理解していました」

そして後半32分にはこの試合の勝利と、リーグ優勝を決定付ける3点目を奪った。自陣からのＦＫをティーラトンが素早く前方に送ると、ボールを受けた遠藤渓太が左サイドを突破して独走。最後は迫りくるＤＦを華麗にかわし、左足でゴールネットを射抜いた。遠藤の咆哮にファン・サポーターは酔いしれた。

この場面が象徴するように、優勝がかかった大一番でも横浜F・マリノスは変わらなかった。どんな場面でも相手ゴールを狙う攻撃的な姿勢を保ちながら、自分と、仲間と、そしてチームを信じ抜いた。

この結果にアンジェ・ポステコグルー監督は堂々と胸を張り、選手たちに賛辞の言葉を送る。

「素晴らしいパフォーマンスで、素晴らしい展開のサッカーができた。退場して10人になると多くのチームは守りに入ってしまうと思うが、我々は10人になってから3点目を決めることができた。メンタルが強い証拠で、そんな選手たちが誇らしい。順位が1位だろうが2位だろうが3位だろうが、最後の最後まで自分たちのサッカーをやり続けた。自分たちがやろうとしているサッカーをどれだけ信じてプレーできるかが重要で、それが15年ぶりの優勝という結果につながったと思う。チーム全員の力でスペシャルなことを成し遂げた」


こうして指揮官が提唱するアタッキングフットボールは、最高の形で第1章の幕を閉じた。

横浜F・マリノスが再びJリーグの頂点に立った。

名門復活を結果で示すと同時に、他クラブにはない画期的な方策がひとつの成功体験として実を結ぶ1日となった。

第1章

変革前夜

源流をたどった先に見え隠れする守備の伝統

Jリーグが産声を上げた1993年5月15日、開幕戦のカードとして組まれたヴェルディ川崎対横浜マリノスの一戦が国立競技場で行われた。

スタジアムは約6万人の超満員で埋め尽くされ、チアホーンの音色があちらこちらで響いた。ゴールデンタイムに生中継されるテレビ画面の前では、さらに多くの人々が胸を高鳴らせていたことだろう。

その試合の主役は、マリノスだった。

前半に先制点を許したものの、後半に入ってからエバートンとJリーグ初代得点王ラモン・ディアスの得点で逆転勝利。日本サッカーがプロ化してから最初のゲームで、見事に凱歌が上がった。

初タイトル獲得はJリーグ3年目の1995年のこと。

サントリーシリーズを制し、チャンピオンシップではヴェルディ川崎を撃破。ホルヘ・ソラーリ監督の任を引き継いだ早野宏史監督率いるチームがライバルの3連覇を阻むと

2対1で逆転勝利。Jリーグの歴史はこの一戦から始まった。

同時に、Jリーグが開幕してから初めてトリコロールが頂点に立った。

ディフェンスラインには井原正巳や小村徳男といった日本代表選手が名を連ね、高卒ルーキーの松田直樹も高い身体能力で堅守に一役買った。ゴールマウスを守るのはドーハの悲劇の経験者である松永成立、そしてのちに日本サッカーを長きにわたって支える当時プロ2年目の川口能活という、錚々たる顔ぶれだった。

中盤から前にはビスコンティ、メディナベージョ、サパタという新旧アルゼンチン代表トリオがいた。しかしながら当時から堅守を最大の持ち味とし、どちらかといえば堅実なスタイルで白星を積み重ねていった末の初タイトルである。

もっとも、横浜マリノスの前身である日産自動車サッカー部は数々のタイトルを獲得してきた日本を代表する名門だ。

特に1980年代後半に黄金期を迎え、1988年には日本リーグ1部、天皇杯、JSLカップの国内三冠を史上初めて獲得した。1987年にかつてブラジル代表でキャプテンを務めた経験を持つジョゼ・オスカー・ベルナルディが加入した影響も大きく、こうして守備の伝統が少しずつ築かれていった。

1985年に日産自動車サッカー部に入社し、すぐさま正GKの座に君臨した松永成立は当時を回想し、こう述懐する。

「自分の印象としては、日産自動車サッカー部時代に2年連続すべてのタイトル、つまり三冠を獲ったときは守備のチームというイメージがある。多くのチャンスを作れるというよりは、カウンターやセットプレーで1~2点取って勝っていたという記憶がある。

特に元ブラジル代表のオスカーは守備を強化するために加入したわけで、彼が加わってからはさらに守備のチームというイメージが色濃くなった。もちろん柱谷哲二や井原正巳といった代表クラスのDFがいた影響も大きい。

実際にリーグ戦での失点数は、総試合数の半分くらいだったはず。そういった部分を切り取っても、やはり守備に重きを置いたチームだったのかなと」

サッカー観が人それぞれ異なるように、同じピッチに立ってプレーしていても捉え方は千差万別だ。当時のチームスタッフが行ったミーティングの議事録など残っているはずもない。

ものさしとなるチーム方針についても、松永は「守備的なサッカーをするという明確な指針はなかったと思う。ただ、試合に出ている選手はほとんどが代表クラスだったので、ピッチに立っている人間が状況に応じて判断できる集団だった」とも話していて、つまり伝統の起点を見つけるのは非常に難しい。

ならば立場やポジションが違う人の言葉にも耳を傾けるべきだろう。

チーム黄金期の1989年に加入した松橋力蔵は守備的MFなど、どちらかといえば縁の下の力持ちとしてチームを支えたバイプレーヤーだ。

「当時の日産自動車サッカー部は、トータルで力のあるチームという印象があります。そのなかでも個々のタレントの能力に頼っている部分が大きかったと思います。ひとりで局面を打開できる選手がたくさんいました。キンさん（金田喜稔）と和司さん（木村和司）は阿吽の呼吸でした。健太さん（長谷川健太）はとてつもないミドルシュートで局面を変えられるし、幸一さん（柱谷幸一）はポストプレーヤーだけど前を向いてドリブルもできた。守備陣にもタレントはいましたけれど、攻撃陣のタレントはみんなが個性的でした。守備がフォーカスされ始めたのは横浜マリノスになって、Ｊリーグが開幕してからのような気がします」

同じチームに所属していても、松永と松橋で微妙に感じ方が異なるのは面白い。正解・不正解という話ではないのだろう。

ただ、ひとつ間違いなく言えること。

それは日産自動車サッカー部が日本を代表する強豪クラブで、どの相手と対峙しても実力と実績で上回っていたという事実だ。

好敵手の存在がスタイルとプロ化の羅針盤に

ここに、ひとつの仮説がある。

攻守両面を総合的に考える日産自動車サッカー部のスタイルは、いつしか守備がより強調されるようになっていった。

その理由として、日本サッカーがプロ化する前もしてからも、常にライバルとしてしのぎを削ってきた〝あるチーム〟の存在が大きかったのではないか。

ヴェルディ川崎の前身、読売サッカークラブである。

松永成立はひとつの試合を例に挙げ、長く続いたライバルチームとの対立構造を明かした。

「Jリーグ開幕前の1993年元日に行われた第72回天皇杯決勝は、読売と日産の両方のスタイルが色濃く出ていたと思う。端的に言えば、読売が攻めて日産が守る。この構図どおりの内容で延長戦にもつれ込んだ試合だけど、自分たちはセットプレーからの決勝点で勝利した」

ヴェルディ川崎の前身である読売は、当時からオフェンス陣にタレントを揃える華のあるチームだった。そして三浦知良、ラモス瑠偉、武田修宏らはJリーグ開幕以降もリーグを代表する存在として活躍し、さらに日本代表でも中心選手となってチームをけん引。彼らの存在なくして、のちの日本サッカーの発展は考えにくかった。

前述した天皇杯決勝のときにはすでに金田喜稔が引退し、長谷川健太や杜谷幸一も籍を移して日産を去っていた。どちらかといえばタレントは守備陣に多く集まり、そのまま読売との試合の構図となった。

Ｊリーグが誕生してからも、その図式は変わらなかった。

「相手とのパワーバランスのなかで、結果的に守備的な立ち位置になったのではないか」

と話したのは松橋力蔵だ。

「日産やＪリーグ草創期のマリノスが、自分たちから守備的なサッカーをしていたという印象はありません。ただし読売とヴェルディ川崎は攻撃陣のタレントが豊富で、ショートパスを多用するサッカーはとても洗練されていました。そんなライバルチームに勝つための手法として、『守備からゲームを組み立てよう』という発想になるのは自然なことかもしれません。80年代後半と比べたときに、日産のオフェンス陣がやや手薄になったのも大きな理由だと思います」

好敵手の存在は、さまざまな影響をもたらした。

プロ化以前の日産は、アマチュア選手たちがほとんど。１９８６年に木村和司がスペシャル・ライセンス・プレーヤー（事実上のプロ契約）の第1号選手となったが、多くの選手は日産自動車に籍を置き、それぞれに社員としての業務が与えられていた。

　それを変えようと組織のなかからアプローチしたのが、1974年に日本人初のプロ契約監督として日産自動車サッカー部の監督に就任した加茂周だ。まだ日産が神奈川県1部リーグで戦っていた時代である。

　加茂は監督としての手腕を発揮するだけでなく、実質的にゼネラルマネージャーとしても粉骨砕身した。選手獲得や環境整備、あるいはスクール事業など仕事は多岐にわたり、そのすべてに情熱を注いでいく。ピッチ内外で多くの改革を実行し、日産自動車サッカー部とマリノスの基盤を作っていった。

　松永は入社と同時に営業部に配属された。

「自分が入社した85年の頃には、プロ化への動きや改革がだいぶ進んでいた記憶がある。仕事といっても週に2〜3日会社に行っていただけ。午前中に2〜3時間仕事をするわけだけど、デスクは用意されていても仕事は特にない（笑）。それで昼食後の午後からトレーニングする日々を過ごしていた。月曜日と火曜日は午前・午後の2部練習が多かったので、会社に行かなくてOKという契約になっていた。練習はきつかったけど、会社ではなく直接グラウンドに行けるのが楽しみだった(笑)」

　とはいえ、先駆者の読売は選手をプロ化の動きを加速させていた。日産は加茂の尽力もあってもともと恵まれた環境だったが、次第に契約形態をノンアマに切り替える働きかけが進む。すると社員番号こそ与えられているが、給料体系は年俸制に。会社に行く必要もなくなり、さらにサッカーに集中できる環境が整っていった。

「自分がノンアマ契約に切り替わったのは入社4年目。後輩でもノンアマ契約する選手が増えて、立場が違うと発言力にも影響が出てくるから。加茂さんはとにかく『読売に追いつき、追い越せ』という明確な指針を持っていた。例えば自分の場合であれば、読売のGKよりも1円でも高く年俸を与えられるような、そんなチームにしたいという野心があった。サッカーを生業として、少しでも高いお金をもらう。プロとして目指すべき道を教えてくれたのが加茂さんと読売だった」

こうして横浜マリノスにつながっていく系譜の源が作られ、Jリーグ開幕以降もヴェルディとマリノスのライバル関係は続いていった。

Jリーグ初制覇と若き守護神・川口能活

ヴェルディ川崎と激しいつばぜり合いを繰り広げていたJリーグ3年目の1995年

プロ2年目で守護神の座を射止め、Jリーグ初制覇の立役者となった川口能活。

に歓喜の瞬間が訪れる。

日本サッカーのプロ化以降、横浜マリノスは初めてタイトルを手にした。

この年、監督に就任したのがアルゼンチン人のホルヘ・ソラーリだった。

自身はアルゼンチン代表として1966年イングランドW杯に出場し、監督としても1994年のアメリカW杯でサウジアラビア代表をベスト16に導いた世界的な名将だ。この招聘は初タイトルを目指すクラブの本気度の表れだった。ソラーリ監督は強みとなっていた守備に磨きをかけると同時に、若手の登用にも力を入れていく。

そこで目に留まったのが、プロ2年目の川口能活だった。

清水商業高校から鳴り物入りで加入した川口は、プロ1年目の1994年は出場なしに終わった。当時、ゴールマウスを守っていたのは日産自動車サッカー部時代から正GKに君臨していた松永成立で、川口の潜在能力は高く評価されていたとはいえ経験がモノを言うGKというポジションで高卒ルーキーが出番を得るのは難しかった。

ソラーリ監督は個人的な事情でシーズン途中に退任したものの、序盤戦から川口や松田直樹らを積極的に起用。日本代表DF井原正巳を軸に据え、脇を固める若手に経験を積ませながら成長を促した。

アグレッシブなスタイルが持ち味の川口は守備範囲が広く、正確なパントキックで攻撃の起点にもなれる新時代のGKとして脚光を浴びた。こうして早くから出場機会を得た川口は、日本を代表するGKへと成長していく。1996年にはアトランタ五輪に出場し、ブラジル代表を破る〝マイアミの奇跡〟の立役者に。

任を引き継いだ早野宏史監督の下、横浜マリノスはサントリーシリーズを制覇。チャンピオンシップでは因縁のライバルであるヴェルディ川崎を破り、Jリーグ開幕以降としては初の栄冠を手にした。

若き守護神・川口はこだわりとして語る「GKの仕事はゴールを守ること。至近距離のシュートを止めるのはGKの一番のすごみであり、面白さだと思っている」というプレーで、先駆者たちが築き上げてきた伝統の堅守を体現。

優勝の原動力となり、クラブに新たな歴史の1ページを刻んだ。

個が輝きを放つ一方で、タイトルからは遠ざかる

こうして念願のJリーグ初制覇を成し遂げた横浜マリノスだったが、その後は苦しい時間を過ごすことに。日産自動車サッカー部の黄金期を支えた選手のほとんどが現役を退いた影響もあり、しばらくリーグタイトルから遠ざかってしまう。

しかし個人単位での活躍を切り取ってみると、名門クラブと呼ぶにふさわしい歩みを見せていく。

日本が初めてW杯に出場した1998年フランス大会では井原正巳、小村徳男、川口能活の守備陣に加えて、1997年に移籍加入した城彰二も22人にメンバー入り。鹿島アントラーズ、ジュビロ磐田、ベルマーレ平塚の3選手を上回る国内最多4選手が選出され、世界を相手に戦った。

1997年には中村俊輔が桐光学園高校から鳴り物入りで加入。同年にJリーグ優秀新人賞を獲得し、横浜フリューゲルスと合併して横浜F・マリノスに名称を変更した1999年からは背番号10を背負った。以降の歩みを詳細に記すまでもなく、日本を代

表するレフティーとしてその名を轟かせていった。

オリジナル10（Jリーグ発足時に加盟した10クラブを指す総称）として常に日本サッカーの中心に位置していたが、90年代後半のJリーグは鹿島アントラーズとジュビロ磐田の2強時代。1996年から2002年までの7年間でアントラーズが4回、ジュビロが3回のリーグ制覇を成し遂げ、それ以外のチームはすっかり隅に追いやられてしまった。

横浜F・マリノスは2000年の1stステージで優勝。翌2001年にはナビスコカップ初優勝と存在感を示したものの、リーグにおいて絶対的な強さを誇っていたとは言い難い。

横浜フリューゲルスでプロキャリアをスタートさせ、1999年から横浜F・マリノスの一員となった波戸康広は、当時をよく知るレギュラー選手のひとりだ。

「当時のチームは現日本代表と元日本代表ばかりが先発に名を連ねていて、十分に優勝を狙える力を持ったチームだったと思います。でも実際はリーグ戦で優勝できていない。ボールポゼッションで優位に立って、試合のイニシアチブを握ることはできる。でも、それがチームの勝利に結びつかないもどかしさがありました。あくまでも自分たちのサッカーを貫くことが最優先になっていて、相手の長所を消すようなことはまったく考えないチームでした。もしかしたら不必要なプライドが邪魔をしていたのかもしれない。試合に負けているのに『内容は自分たちのほうが良かったよ』と言ってしまうような雰囲気もありましたから。それが勝負どころで結果を出せなかった原因かもしれません」

日本サッカーが空前絶後の盛り上がりを見せた２００２年日韓Ｗ杯を経て、そんな横浜Ｆ・マリノスに転機が訪れたのは２００３年のこと。

岡田武史の監督就任である。

「勝敗の神は細部に宿る」

岡田武史監督はとにかく選手たちの意識改革を優先した。波戸が証言したように、どこか勝負に対して淡泊だったチームを変えるためには労を惜しまない。個性派揃いの集団に対して、躊躇することなくメスを入れていった。

「勝敗の神は細部に宿る」と口酸っぱく言い続け、まずはサッカーやトレーニングに臨む姿勢から変えていこうと試みた。例えばロッカールームの清掃は選手以前に人としての在り方を正す意味が大きく、ピッチ内への波及効果も大きかった。

選手たちの意識改革を行い、03-04シーズンJリーグ2連覇に導いた岡田武史元監督。

波戸には印象に残っている言葉がある。

「就任当初、岡田さんに言われました。『お前たちはすごく上手い。たしかにボールを握って試合を支配している。でも勝負に負けている。何を目指しているんだ？』と。ものすごく説得力がありました。ピッチ外についても、サッカー以前に人間としてお手本になるような生活を送ることの重要性を訴えかけられました。それができる人間は良い選手になるし、さらにグループになったときにチームの推進力につながるんです」

岡田監督の厳しさは、チームを着実に強くしていく。ある試合後のエピソードを明かしたのは、若かりし日から出場機会を与えられていた坂田大輔だ。

「負けた直後はみんな悔しい気持ちが強いのでロッカールームは静かでした。でもシャワーを浴びて10分か15分くらい経って、普段通りの雰囲気に戻って笑顔で話していたんです。そうしたら岡田さんのカミナリが落ちました。『お前たちは負けて悔しくないのか?』と。そのときに自分は『次の試合のメンバーから外す』と言われて、実際にメンバー外になりました」

もちろん選手全員がいる場での出来事だ。チーム全体に緊張感が走り、以降は緩い雰囲気が消えていったのは言うまでもないだろう。

勝利を追求し、細部を詰めていく作業はもちろんトレーニングにも及ぶ。

岡田監督はグラウンドを周回するランニングの場面で、4つの角に置いたコーンの外側を走らせた。内側を走る、いわゆる〝ショートカット〟を禁じたわけだが、最初にひとりの選手がルールを守ることが、周囲の選手に好影響をもたらす。巧みな心理マネジメントを用いて、選手たちのベクトルを一本化していった。

当然、トレーニング内容も変化する。肝となるのは、何を目的としているのか。肝要なのは相手ゴールを奪うこと、そして勝利である。

「岡田さんが監督に就任した当初は、ボールを奪って7秒以内にゴールを決める練習を繰り返しました。相手チームから奪ったボールは必ず前方向に出す。バックパスで時間をロスするのではなく、あくまでも相手ゴールを目指す。すると試合でのプレーも目に見えて変化しました。前年までのようにゲームを支配している感覚ではなく、もしかしたら綺麗なサッカーではなかったかもしれないけれど、マリノスは強かった。能力のある選手たちが勝つことに徹したのは、岡田さんの影響が間違いなく大きかった」（波戸）

かくして岡田監督率いる横浜F・マリノスはたしかな変貌を遂げていく。

クラブが全面的にバックアップしたことも大きい。久保竜彦、佐藤由紀彦、柳想鐵、そしてマルキーニョスを獲得。いずれも主力としてチームに力を還元し、既存メンバーとともに強い集団を作っていった。

就任初年度の2003年は1stステージと2ndステージをともに制し、完全優勝で年間王者の座に輝いた。さらに2004年の1stステージでも優勝を飾り、史上初となるステージ3連覇の快挙を達成。同年のチャンピオンシップでは浦和レッズをPK戦の末に破り、2年連続で年間王者となった。

岡田監督と横浜F・マリノスは、ロマンチストではなくリアリストに徹して結果を出した。

就任2年目の2004年はあえて選手の自主性を重んじるスタイルを採用したが、なかなか結果が出なかったため元のスタイルに戻した。連覇後の2005年にも内容にフォーカスする方向へ舵を切り、今度は9位と低迷。結果プラスαを求める戦いはいばらの道で、勝負強さの光るチーム作りに長けた指揮官として認知されるようになったのはこの頃からだ。

２００2年にユースからトップチームに昇格し、岡田監督1年目の２００３年にＪリーグデビューの機会を与えられた栗原勇蔵は、若かりし日の自分に対する指揮官の姿勢や言葉を鮮明に覚えていた。

「20歳前後の自分はまだまだ幼かったけど、岡田さんに私生活のことで何か言われた記憶はない。いまになって考えてみれば、あえて言わないこともマネジメントの一部だったのかなと。でも試合に出場して得点した後に『ちょっと活躍したくらいで調子に乗るなよ』と言われたことはあります。人の心を見透かして、次の手を打つのがとても上手い人でした」

人心掌握に長けた岡田監督ならではの手法だが、連覇を振り返って「スタイルを確立して優勝できたわけではない」とあえて自虐的に言う。

のちに岡田武史は、15年ぶりのリーグ制覇を成し遂げたチームを率いたアンジェ・ポステコグルー監督に向けて「うまくいっていないときもやり方を変えなかった。オレだったら勝つほうに切り替えていたと思う。うまくいかないときにそれを続けるのが、いかに勇気のいることか」と賛辞を述べたが、優劣ではなく手法の違いに過ぎない。

岡田武史は横浜F・マリノスに何にも代え難い成功体験をもたらした。それは疑いようのない事実である。

松田直樹と中澤佑二は互いを認め合っていた

岡田武史監督に導かれて2連覇を達成した時代は、松田直樹と中澤佑二がプレーヤーとして最盛期を迎えた時期でもあった。

松田は1995年に前橋育英高校から加入。ホルヘ・ソラーリ監督に抜てきされて開幕スタメンを飾ると、瞬く間にスターダムへの階段を駆け上がっていった。翌1996年にはアトランタ五輪でブラジルを破る〝マイアミの奇跡〟を演じた。その後も2000年のシドニー五輪でベスト8進出に貢献し、2002年には日韓W杯に主力DFとして出場した。

つまり岡田武史が監督に就任した2003年の時点で、押しも押されもせぬ中心選手としてその名を轟かせていたというわけだ。

対して中澤佑二は、高校時代までは無名選手のひとりに過ぎなかった。

高校卒業後に単身でブラジル留学し、そこでハングリー精神を養った。帰国後は出身高校の練習にOBとして参加し、ヴェルディ川崎では練習生という立場からプロ契約を勝ち取る。プロデビューは1学年しか違わない松田よりも4年遅い1999年だが、翌年のシドニー五輪には松田とともにピッチに立つなど成長著しいDFとして一躍脚光を浴びた。そして2002年からは横浜F・マリノスに籍を移し、ふたりはクラブでもチームメイトになった。

エリート街道を突っ走ってきた松田と、雑草で叩き上げの中澤。歩んできた道はあまりにも対照的だが、いずれも日本を代表するDFには違いない。

両選手とともにセンターバックでコンビを組み、ときには3人で3バックを形成した栗原勇蔵はふたりへのリスペクトをこんな言葉で表現した。

「性格は本当に両極端だった。マツさん(松田直樹)は気分屋で感覚派。佑二さん(中澤佑二)はストイックで努力家。良し悪しではなく、それぞれの人間性はまったく違った。でも共通していたのは、ふたりともサッカー小僧だったこと。サッカーのない人生は考えられなかったんじゃないかな。

マツさんは高い技術を持ったオールラウンダーで、ＤＦなのに攻撃センスもピカイチだった。佑二さんはヘディングの強さはもちろんのこと、細かくポジショニングを修正するマメさやメンタルの強さといった特殊能力が備わっていた。ふたりの真似をして、プレーを盗もうと思った時期はあったけど、すぐに無理だと分かった。自分とは次元が違い過ぎる偉大な先輩だから」

ふたりが積極的にコミュニケーションを取るシーンはほとんどなかった。グラウンド上での声かけも必要最低限で、それぞれのテリトリーにあえて入らないようにしている様子だった。紅白戦などの練習の場で幾度となくマッチアップしたＦＷの坂田大輔は、両者のプレースタイルの違いをこう話す。

「特徴が違うふたりで、お互いが自分にないものを持っていたと思います。マツさんは気まぐれでアバウトなところもあったけれど、能力でカバーできてしまう。佑二さんは常にこちらの動きを警戒して、次に備えたポジショニングとコーチングを怠らない。他チームにはこんな手強い相手はいなかった。ただ、ディフェンスのスタンスやアプローチ方法は違いました」

とはいえ同じポジションの選手として、互いに能力を認めていたのは間違いない。

まだ現役としてプレーしていた中澤に、過去のチームメイトや対戦経験から〝ベストイレブン〟を選んでもらったことがある。この手の企画では、センターバックのポジションに松田と田中マルクス闘莉王のふたりがお決まりのパターンだった。

中澤のセンターバック評は厳しい。自身がこだわり抜いてきた仕事だからこそ、基準を下げての評価は絶対にしない。仮に日本代表などの肩書きがあったとしても、それで無失点が保証されないことを知っている。

その中澤も「僕のなかで優れたセンターバックの基準はマツさんと闘莉王ですから」と胸を張っていた。

一方の松田は、横浜F・マリノス在籍時にこんなことを言っていた。

「ボンバー(中澤佑二)はすごいよ。あいつがいるおかげでチームの失点数は明らかに減っている。オレと違って気を抜かないし(笑)」

茶目っ気たっぷりに笑った表情が忘れられない。

『堅守』という伝統の系譜を受け継いだふたりは、異なる形でサッカーと別れた。でも同じピッチに立っている背番号3と背番号22は、本当にカッコ良かった。

ファン・サポーターがその画を忘れることは、永遠にない。

5年連続の中位 チームは過渡期を迎えていた

横浜F・マリノスの一時代を築き上げた岡田武史監督が2006年8月に辞任すると、結果としてチームはタイトルから遠ざかることに。

連覇以降の5年間の成績を並べると9位、9位、7位、9位、そして10位と中位をさまよった。

クラブ経営が傾いていた影響を大きく受け、2006年末には奥大介や久保竜彦、ドゥトラ、中西永輔、下川健一といった実績あるベテラン勢が大量に退団。急激な若返りによってチーム力を維持するのは困難となり、前出した松田直樹や中澤佑二、栗原勇蔵といった日本を代表するセンターバックが在籍していても、リーグの上位に顔を出すのは難しかった。

完全に過渡期を迎えたチームにおいて、栗原はプロ5年目の2006年から主力に定着した。

「失点はずっと少なかった時代だけど、チームとしてずば抜けた力を持っていたわけではなかった。例えば2007年は前線の3選手（大島秀夫、坂田大輔、山瀬功治）がそれぞれ10得点以上の個人成績を残したけど、それでも結果は7位。

でも試合に出ている選手の守備意識は総じて高かったと思うし、チームとして守備にウェイトを置いてゲームを進めていた。試合に出られる喜びは大きかったけれど、強いマリノスを取り戻せないもどかしさがあった」

かつての日本代表クラスがズラリといったチーム編成ではなかったかもしれないが、名門クラブでプロキャリアをスタートしたいと考える将来有望な選手は多かった。2005年からチーム統括本部スカウト担当としてチームを支えた公文裕明は、当時の選手獲得の狙いをこう明かす。

「マリノスは守備中心のチームです。クラブとして明確な指針があったという記憶はありませんが、センターバックやサイドバック、ボランチといったポジションは、しっかり守備ができる選手をターゲットにしていました。

例えば2007年に順天堂大学から加入した小宮山尊信は攻撃的なサイドバックとして得点やアシストでも貢献できる選手でしたが、ベースには1対1で相手に負けないフィジカルの強さがあった。駆け引きやポジショニングの部分を修正していけば、十分に守備ができる選手に成長するという期待を持って獲得しました。2008年に早稲田大学から加入した兵藤慎剛は、中盤ならどのポジションでもプレーできる器用さがあり、チームが求めることをしっかり実践できるメンタリティを持った選手。守備をすべき試合や局面では堅実な仕事を計算できました。

反対にFWやサイドアタッカーをリストアップする場合は、守備で多くを求めませんでした。ディフェンスができる選手は後ろに揃っているわけですから、彼らは最低限のことだけやってくれればいい」

もともと備わっている地力と脇を固める新卒選手の存在によって、なんとかリーグの中位をキープ。しかし優勝争いに加わることは困難で、クラブのなかには停滞した雰囲気が少なからずあった。

奇しくもその時期に、指導者という立場で古巣復帰を果たした人物がいる。日産自動車サッカー部と横浜マリノスのJリーグ草創期を守護神として支えた松永成立だ。

松永は2000年に現役を退いた翌年から京都パープルサンガでGKコーチを務めていたが、早野宏史監督が再び指揮を執った2007年に一念発起し、帰還することに。

厳しさと緻密さが同居した指導に定評のある松永は、榎本哲也や飯倉大樹、秋元陽太といった育成組織出身のGKたちをリーグトップクラスのレベルに引き上げた。その甲斐もあり、横浜F・マリノスの失点数は目に見えて減っていく。

2007年はリーグ2位の35失点、2008年は3位の32失点、そして2009年も3位の37失点。最終順位は中位に甘んじたものの、依然として『堅守』という看板に偽りはなかった。

「自分の仕事として、まずは得点よりも失点がリーグで何番目に少ないのかを気にしていました。最低でもトップ3に入っていないといけない。そういったプライドを持って仕事をしてきました。でも一方でタイトルを獲れていないジレンマも大きく、自分がマリノスに戻って来た当時はクラブ全体としてのベクトルが定まっていなかったかもしれない。組織として何を目指し、そのために何をしていくべきなのか。個人的な思いも含めて、やはり優勝を目指すチームであってほしい。それがクラブの伝統を守ることにつながっていくわけだから」（松永）

トリコロールの誇りを取り戻すために。

リスタートの起点があったとすれば、おそらくこの頃だろう。

嘉悦朗社長就任 そして木村和司監督招聘へ

２０１０年を戦う監督・コーチングスタッフの体制とチーム編成をどうすべきか。前年の７月に代表取締役社長に就任した嘉悦朗は最初の課題に直面していた。

１９７９年に日産自動車株式会社に入社した嘉悦は、約20年間人事部門を担当。１９９９年からはカルロス・ゴーン社長が推し進めた「日産リバイバルプラン」を検討するチームのリーダーを務めた人物だ。

自身もサッカー部に身を置いた経歴を持ち、サッカーへの深い愛情を隠そうとはしない。２００６年４月に若くして日産自動車株式会社執行役員に就任した男が、クラブの経営再建の切り札としてやってきたというわけだ。

嘉悦社長に与えられたミッションはどのような内容だったのか。在任期間中、幾度となくこう繰り返した。

「リーマンショックの直後で、日産を含むすべての企業が生き残りをかけた改革やリストラを実行している。我々も膨張し続けていたコストを適正な水準に見直し、同時に売上を可能な限り増大させ、赤字体質を解消させていく。つまり、日産への過度な依存から脱却し、持続可能な自立経営を目指さなければならない」と。

同時に、親会社である日産から見た横浜F・マリノスの価値や貢献を従来以上に明確にすることもテーマに掲げた。

ただ、これは定義がとても難しく、例えば日産車の販売への貢献を数値化するのは至難の業。最終的には、日産の企業イメージの向上や社会貢献のツールとしての位置付けを強く意識した上で、チーム作りのコンセプトを描くこととした。

「魅力的で話題性に富んだチームを作る」（嘉悦）

それを念頭に置いた監督人事で浮上したのが、日産自動車サッカー部と横浜マリノスのOBである木村和司だった。

横浜F・マリノスのブランド価値を回復させられる魅力的なチームを作る。そのためには伝統あるクラブの象徴ともいえる監督の招聘と選手の獲得が欠かせない。それも魅力を伝えやすい攻撃という切り口で現状を打開できる人物がいい。

こうした発想から、まず監督候補の人選をスタートし、多方面との議論を重ねた結果、木村和司が候補として浮上した。嘉悦社長は木村と極秘会談を行い、就任を打診。ふたつ返事で了承を得た。

木村に監督経験がないという指摘もあったが、ヘッドコーチとして指導経験豊富な樋口靖洋を置くことでその懸念を払拭しようと考えた。同じく日産自動車サッカー部のOBであり、実直な性格でサッカーに情熱を注ぐ樋口は、横浜F・マリノスに再び輝きを取り戻すべく、木村和司監督の懐刀として参画した。

中村俊輔が7年半ぶりに復帰

木村和司監督の招聘とともに、新生横浜F・マリノスの象徴として獲得を目指した選手が、中村俊輔である。

言わずと知れた日本を代表するレフティーで、当時は南アフリカW杯を目指す日本代表の10番を背負っていた。２００２年に横浜F・マリノスから欧州へ巣立っていった男の帰還は、大きな話題を呼ぶだけでなく、ピッチ内外でチームに好影響をもたらす。なによりも中村自身にJリーグ復帰に前向きな意思があった。

ただし前年の２００９年夏に、獲得寸前のところで交渉が破談になった複雑な経緯が

横浜F・マリノスの歴史に残るレジェンド・中村俊輔。

あり、予断を許さない。所属していたエスパニョールとの契約を1年以上残していたことものハードルのひとつで、代理人を介しながらの慎重なやり取りを水面下で進めてきた。

交渉がいよいよ大詰めを迎えた2010年2月下旬。嘉悦社長は成田空港を発ち、10時間以上のフライトを終えてバルセロナ・エル・プラット国際空港に降り立った。ターミナルを出てタクシーに乗り込んだ直後、ラジオから流れるスペイン語のニュースで〝Marinos〟〝Kaetsu〟という単語が耳に飛び込んできた。日本のスター選手の移籍報道はスペイン国内でも大きな関心事になっていた。

現地では中村本人が行きつけにしている日本食レストランで会談。終始和やかな雰囲気で会話が進み、最終的な意思確認も行われた。翌日にはエスパニョールの事務所で最終的なクラブ間交渉が行われ、基本合意に達した。

2010年2月26日、中村俊輔が2002年夏以来、7年半ぶりに横浜F・マリノスに復帰することが正式発表された。

その2日後の28日には日産スタジアムで加入会見を行った。

「1年半くらい前から日本に戻ることを考えていて、そのクラブはマリノスしか考えていませんでした。マリノスを優勝させて、強くしたい」

こうして日本が世界に誇る巨星が舞い戻った。レジェンド木村和司と現役スーパースター中村俊輔の共演は大きな話題を呼び、練習グラウンドのあるマリノスタウンには連日のように大勢のファンとメディアが押し寄せた。

その後、登録が完了して復帰後初の公式戦となった3月13日の湘南ベルマーレとの一戦で、中村は栗原勇蔵の得点をアシストし、3対0の快勝に大きく貢献。つづく川崎フロンターレ戦では見事なロングシュートも決めて4対0の圧勝を演出するなど千両役者ぶりをいかんなく発揮する。

描いていた青写真通りの展開に、嘉悦社長はガッツポーズを作らずにはいられなかった。

忘れられない記憶 2010年末に起きた〝事件〟

2010年は木村和司監督の招聘と中村俊輔の復帰のほかに、ファン・サポーターにとって忘れられない出来事のあった年として深く刻まれている。

シーズン終盤の11月末、クラブは松田直樹、河合竜二、清水範久、山瀬功治、坂田大輔といったチームを長く支えた選手の契約非更新を決定した。

特に、生え抜き選手でありクラブを長きにわたって支えてきた松田に対する処遇に、多くのサポーターが反発。クラブハウスに約100人のサポーターが押し寄せ、オフィス内に怒号が響き渡った。建物のすぐ外ですすり泣く者もいた。騒然とした雰囲気が、事の重大さを如実に物語っていた。

契約非更新の判断そのものは、当時の首脳陣が幾度となく議論を重ねて出した総合的な結論だ。

チーム編成を行う際には、まず全体の予算がある。そのうえで選手個人のコストパフォーマンスや選手間の年俸バランス、各セクションのポジションバランス、あるいは5年後、10年後を見据えた年齢バランスも重要な判断材料となる。

負傷による離脱が増えていた33歳の松田に対し、たしかにシビアな決断を下したかもしれない。一方で、クラブとしては功労者の松田をクラブスタッフとして受け入れる考えもあったが、本人はあくまでも現役続行を希望していた。

スタンスの異なる両者が円満な結末を迎えるためには、やはりクラブとして丁寧な対応が必要だったということだろう。

この一件以来、嘉悦社長は日常的な選手とのコミュニケーションを意識するようになった。特に出場機会に恵まれていない選手や、負傷や病気で戦列を離れている選手に何気ない声かけをする。そういった働きかけが、信頼関係のベースを作り上げていくと信じて。

悪しき記憶ではなく、未来に向けた教訓にしなければならない。その時々の人ではなく、組織全体として胸にとどめておくべき出来事だ。

松田直樹の教えは、2019年限りでクラブ一筋18年の現役生活に幕を下ろした栗原勇蔵の美しい引退セレモニーへと、たしかにつながっている。

寸前でこぼれ落ちた「優勝」の二文字

横浜F・マリノスは第32節でジュビロ磐田に勝利。残り2節を残し、2位以下に勝ち点4差をつけた。残り2試合で1勝すれば自力で優勝を決められる圧倒的に有利なシチュエーションで最終盤を迎えた。

この2013年は、樋口靖洋監督率いる横浜F・マリノスが2004年以来の優勝を手にするシーズンになるはずだった。誰もがその未来を疑わず、クラブ全体が優勝への準備を意気揚々と進めていた。

するとホームの日産スタジアムで開催される第33節アルビレックス新潟戦に向け、チケットが驚異的なペースで売れていく。当時のJ1リーグ戦最多入場者記録を更新する62、632人の大観衆が集まった。

試合当日はサポーター数千人がスタジアムの入り口でチームバスの到着を待ち、試合開始前のゴール裏スタンドには『この街に頂点を』という巨大な横断幕が掲げられ、雰囲気は最高潮に達した。

しかし試合は0対2とまさかの完敗。ただ、アルビレックス新潟はこの試合を含めてラスト5試合を5連勝でフィニッシュしたように、後半戦17試合を11勝2分4敗と大きく勝ち越し、勝ち点35は堂々の後半戦首位という強敵だった。

この敗戦で勢いを失った横浜F・マリノスは、最終節でも川崎フロンターレに0対1で敗れてしまう。目の前にあった優勝は手のひらからするりとこぼれ落ち、サンフレッチェ広島に逆転優勝を許す。

中村俊輔はピッチにひれ伏し、人目もはばからず号泣した。

茫然自失——。

約1ヵ月後の2014年1月1日、横浜F・マリノスは第93回天皇杯決勝でサンフレッチェ広島を2対0で下し、タイトルを獲得した。主砲のマルキーニョスが帰国して不在の状況でも、代役を務めた藤田祥史や端戸仁が奮闘。元日決戦を制した。

しかし、リーグ戦で受けたショックが癒えることはなかった。

「心底喜べない」

栗原勇蔵が振り絞った言葉は、横浜F・マリノスに関わる者すべての気持ちを代弁していた。

モンバエルツ監督に発掘された若き才能たち

2014シーズンを迎えるにあたり藤本淳吾、下平匠、伊藤翔、三門雄大といった他のJ1チームで主力としてプレーしている選手を次々と補強。リーグ戦とAFCチャンピオンズリーグの両方の戦いに備えた。ただし退団したマルキーニョスの穴が埋まらず、順位は7位と再び中位に沈む。

こうして木村和司から監督の任を引き継いだ樋口靖洋体制は、3年で幕を閉じた。

次なる監督人事は、2014年5月に資本提携したシティ・フットボール・グループ（以下、CFG）によってリストアップされた候補者から選ぶ流れに。

別章で詳述するこのCFGとのパートナーシップ契約は、変革が具体的に動き出す大きなきっかけとなる。

こうして指揮を執ることになったフランス人のエリク・モンバエルツ監督は守備の整備に着手すると同時に、若手選手を積極的に起用していった。

その象徴ともいえる存在が、喜田拓也だ。

2013年にユースからトップチームに昇格した喜田だが、プロ入り後の2年間でリーグ戦のピッチに立ったのは途中出場の2試合のみ。10代の頃から世代別代表に選ばれる実力を持っていたが、経験豊富な実力者が居並ぶチームにおいて立ち位置を確立できていなかった。

モンバエルツ監督は喜田を開幕4戦目の柏レイソル戦でスタメンに抜てき。しかもポジションは本職のボランチではなくトップ下というサプライズに、多くの人は目を疑った。すると喜田は豊富な運動量とアグレッシブな姿勢を武器に、チームを前方向に加速させていく。指揮官に「彼には運動量とインテリジェンスがあり、攻撃の方向を決めることができる」と絶賛され、個人としてターニングポイントのシーズンを過ごしていった。

翌年にはプロ1年目の遠藤渓太を継続的に起用し、世代別代表に招集される選手へと成長させた。また、テクニックだけでなく運動量にも長ける新たなプレーメーカーとして、天野純という才能も見出した。いずれも主力選手の負傷離脱が相次いだという間接的な理由こそあったものの、実績のない若手選手を起用することにまったく躊躇しないのは外国人監督ならではの発想と言えよう。

サッカーのスタイルとしては守備から構築していくタイプで、横浜F・マリノスの伝統から大きく外れていなかった。そのうえで4バックはペナルティエリアの横幅を守ることを徹底するなど、細かな約束事を決めていく。攻撃ではとにかく縦へのスピードを求めたが、結果として齋藤学やマルティノスといったアタッカーによる個人突破頼みの傾向も強かった。

2015年は年間7位、2016年は年間10位。優勝争いには手が届かず、目に見える成果は挙げられなかった。

それでもクラブはモンバエルツ監督に3年目の指揮を託すと決めた。

横浜F・マリノスは激動のときを迎えることになる。

そして中村俊輔は移籍の道を選んだ

まだ記憶に新しい2016年のオフ。

横浜F・マリノスは大きく揺れ動いていた。

当時、すでに38歳になっていた中村俊輔だが、卓越した技術が錆びつくことはない。豊富な経験に裏打ちされたプレーの数々は円熟味を増し、ゲーム全体の流れを掌握する能力も人一倍高かった。

しかし攻撃に縦へのスピードを求めるモンバエルツ監督は、しばしば中村を中盤の底のボランチで起用した。より相手ゴールに近いプレーが求められるトップ下ではなく、一列下がったプレッシャーの少ない場所で配球役を託したのである。

この配置転換で結果が出ていれば違った未来を描けたのかもしれないが、実際はそうならなかった。サッカー観の差異は埋めようがなく、実績に誇りを持っている選手ほど現状は受け入れ難いものだった。

さらに国籍による価値観の違いや直接コミュニケーションを取れない言語の壁もマイ

ナスに作用してしまう。加えて、当時のスポーティングダイレクターであるアイザック・ドルの哲学や文化の違いによる采配や発言も物議を醸した。実績ある選手たちのフラストレーションは溜まり、シーズン終了後には契約更新を決めたクラブと選手で話し合いの場が持たれることに。

1時間以上にも及ぶ緊急ミーティングは、主に選手・スタッフから意見や疑問の声があがった。とはいえ抜本的な解決方法が見つかるはずもなく、事態は平行線をたどったまま。スポーツ新聞では連日のようにネガティブな報道が紙面に並んだ。

1月8日、中村俊輔のジュビロ磐田移籍が正式発表された。先述した松田直樹のケースとは異なり、中村が自らの意志で横浜F・マリノスを離れる決断を下した。

ほかにも長年クラブを支えた榎本哲也や兵藤慎剛が他チームへ移籍し、小林祐三は契約満了にともないチームを離れた。

横浜F・マリノスに限らず、プロサッカーチームは年度が変われば約3分の1の選手が入れ替わる忙しい世界だ。それは2016年オフも同じで、クラブの意向と選手の意思は必ずしも一致しない。

選手は個人事業主として、オファーさえあれば所属クラブを選べる。そして価値判断基準は人と状況によって大きく異なる。まったくもって普通のことなのだが、人間には感情というものが存在する。

ファン・サポーターはこのシーズン限りで去った選手を愛していた。選手たちもまた、例外なく横浜F・マリノスへの愛情と感謝を持っている。

それだけは強調しておきたい。

齋藤学が示した覚悟 そして決断――

波乱の幕開けとなった2017年は、選手たちの気分を一新させる意味合いも込めてタイで一次キャンプを行った。

東南アジアらしい温暖な気候の下、新加入選手たちは大粒の汗を流してトレーニングに励んでいく。新たにトップチームに加わった松橋力蔵コーチが誰よりも大きな声で選手を鼓舞していく姿も新鮮に映った。

中町公祐の言葉が強く脳裏に焼き付いている。J1の強豪クラブからのオファーを断り、残留を決めた理由である。

「サッカー選手として息を長くするためなら移籍という選択肢もあった。世代交代はあるし、今年の起用方針もわからない。でもオレにはオレなりの生き様がある。オレの気持ちのなかで越えない線があった。(中澤)佑二さんや(栗原)勇蔵くんと同じで、マリノスに残った選手は覚悟が決まっている。この船の船頭を務められるのはオレしかいないでしょ」

その心意気に多くのファン・サポーターが救われた。

扇原貴宏や松原健といった現在も主力を担う選手が加入したのはこのシーズンからで、横浜F・マリノスは新たなチームに生まれ変わった。

中村俊輔が巻いていたキャプテンマークを引き継いだのは齋藤学だった。

海外移籍の可能性を模索するため、タイキャンプは不在。しかし交渉は不調に終わり、宮崎での二次キャンプから合流することに。

齋藤は最終交渉の席で、利重孝夫チーム統括本部長に背番号10への変更を志願した。

「自分のなかでギアをもう一段階上げたかった。軽い気持ちでマリノスに残ったわけではない。すべてはピッチ内の結果で示すしかない。そのなかで背番号10にふさわしいプレーを見せていきたい。空回りしてダメになったら、そこまでの選手でしかないということ」

力強く、前を向いた。新しい横浜F・マリノスを自分が引っ張る。その覚悟がにじみ出た言葉に、嘘偽りはなかった。

当時を回想する利重本部長は、真っ先に齋藤への感謝を述べた。

「あの2017シーズンを、チームとして前を向いて戦えたのは（齋藤）学のおかげです。それだけは間違いない。彼が宮崎で『10番を背負いたい。オレはやるよ』と言ってくれて、それを意気に感じて託しました。選手に対して、クラブに対して、そしてサポーターに対しても、彼の貢献度は本当に大きかったんです」

齋藤は旗頭として先頭に立ち、プレーと言葉の両方でチームをけん引していく。彼が合流した宮崎キャンプでの引き締まった練習風景と雰囲気は、一部のクラブスタッフのなかでいまだに語り継がれる特別な時間だった。

運命の分かれ道となったのは、齋藤がシーズン初得点を決めた次の試合でのこと。

9月23日のヴァンフォーレ甲府戦に出場した齋藤は、後半27分に負傷交代した。足を引きずりながらピッチを去り、松葉杖をつきながらチームバスに乗り込むシーンを鮮明に記憶している。

下された診断結果は、右膝前十字靭帯損傷で全治8ヵ月見込みという重傷だった。大切なシーズン終盤戦と決勝戦に勝ち上がった天皇杯決勝は無念の欠場。チームは奮闘むなくリーグ戦5位に終わり、天皇杯でも延長戦の末にセレッソ大阪に敗れた。

その頃、齋藤の下には悲願のJ1初優勝を成し遂げた川崎フロンターレから獲得オファーが届いていた。

悩みに悩んだ末に、移籍の道を選んだ。

2014年ブラジルW杯のメンバー23人に選出されながらも、出場0分に終わった悔しさがあった。ピッチに立てず、もどかしさばかりを募らせた。借りを返す舞台は2018年ロシアW杯と決めていた。

長期離脱からの奇跡的な復活を遂げ、逆転で日本代表メンバー入りを果たす。そして4年前の忘れ物を取り戻すべく、今度こそW杯のピッチに立つ。

そのためにはゴールという分かりやすい結果が必要だった。前線にタレントを揃え、攻撃力に優れる川崎フロンターレは、それをイメージしやすいチームといえる。

横浜F・マリノスは12月中旬の時点でアンジェ・ポステコグルー監督との基本合意を発表していたとはいえ、チーム作りはゼロからのリスタートとなる。全身全霊をかけてチームを引っ張ってきたという自負のある齋藤のなかで、新たな環境や刺激が必要なタイミングだったのかもしれない。

年が明けた1月12日、川崎フロンターレへの完全移籍が発表された。

齋藤は2017年初めに単年契約を結び直していたため移籍違約金の発生しない、いわゆる〝ゼロ円移籍〟だった。

背番号10とキャプテンを担う生え抜きの選手が、隣町の川崎フロンターレに、あろうことか移籍金ゼロで去っていく。これにサポーターは強い敵対感情を抱き、憤った。そのため、いまもなお対戦時にはブーイングが発生する。

齋藤を必要以上にかばおうとは思わない。過去の事象の多くと同じように、本人の決断を咎めることもできない。プロサッカー選手である限りその後の責任はすべて自分自身が取るのだから。

あれから2年が経過した。

齋藤はいまも川崎フロンターレの一員として戦っている。右膝の状態は万全なのか。なぜコンスタントに試合に出場していないのか。

こちらからはうかがい知れないことがたくさんある。

横浜F・マリノスは2019シーズン第33節の川崎フロンターレ戦を4対1で勝利した。優勝に大きく前進する重要な勝ち星を、2013年に失意のどん底に突き落とされた因縁の等々力陸上競技場で挙げた。

試合後、試合メンバーの18人から外れていた齋藤が、そっと声をかけてきた。

「マリノスすごいね。これは優勝するね。おめでとう」

彼もまた、横浜F・マリノスの歴史に名を刻んだ選手であり、15年ぶりの優勝を本当に喜んでいた。

第2章

深海から頂へ

前オーストラリア代表監督がやってきた

アンジェ・ポステコグルー監督就任の基本合意が発表されたのは2017年12月19日のこと。

エリク・モンバエルツ体制の3年間に終止符を打つ運びは本人とクラブの話し合いによって決まり、横浜F・マリノスが次なるステップに進むことは1ヵ月以上前の時点で公にされていた。

古川宏一郎社長はシティ・フットボール・グループ(以下、CFG)のネットワークを利用しながら人選を進め、テレビ電話などさまざまな方法を使って候補者にアクセス。予算などの条件面と照らし合わせながら、独自の観点でふるいにかけていった。

最後のひとりに残ったのが、直前の11月までオーストラリア代表監督として指揮を執っていたアンジェ・ポステコグルーだ。

「クラブとして優勝を目指していますか?」

交渉の席でポステコグルーは古川社長にそう問いかけたという。

この言葉が古川の胸に突き刺さった。選ぶ立場の人間が、反対に試されているような気持ちになった。

「私自身が彼と一緒に仕事をしたいと思い、最終的に決めた」（古川）

囲み取材に同席したスポーティングダイレクターのアイザック・ドルは、未来予想図を熱く訴えた。

「もちろん目標は高い。〝このくらい〟ではなくトップを目指します。1位を目指しても、2位か3位になってしまう。3位を狙えば、だいたい4位か5位でしょう。だから目指すのはエベレストです。チャンピオンになりたい。そして監督の意見はナンバーワンです。彼の意見を聞いて、これから大きな動きを見せていきたい」

思い返してみれば、この時点でクラブは大きな指針を決めていた。

「チャンピオンを目指す」が、まずひとつ。

ターゲットは2004年以来遠ざかっているリーグチャンピオンの座だ。失ってしまった権威を取り戻し、再び横浜F・マリノスの名を日本と世界に轟かせる。

もうひとつは「監督の意見はナンバーワン」であること。

以降、現場における最高責任者であるポステコグルーはさまざまな改革に打って出る。

補強においても監督の考えが最優先となり、それは強化部門の責任者が代わっても不変となって引き継がれていく。

監督就任会見では、これまでどおり自らのスタイルで戦っていくことを高らかに宣言した。

「いままで20年間監督をやっていて、私は常にアタッキングフットボールをやってきた。横浜F・マリノスにやってきたからそれをやるのではなく、私のスタイルは20年間変わらない。攻撃的にプレーするためにはボールを持っていないといけないし、相手を圧倒するためにはボールを持つことが重要だ。ポイントは選手に自信を持ってプレーさせること。簡単ではないがそれを心がけて、チームのなかでお互いが信じ合ってプレーできれば、おのずと攻撃的なチームになっていく」

長きにわたって守備をベースに戦い、数々のタイトルを勝ち取ってきた横浜F・マリノスに、新たな時代の波が押し寄せようとしていた。

これまでと180度異なるプレーモデルを掲げ、アンジェ・ポステコグルー監督率いる船が出航した。

もがき苦しんだ1年目とそこで見えたかすかな光明

「プレーヤーの価値は、現役生活中にいくらお金を稼いだかではなく、タイトルの数で決まる」

チーム始動日のミーティングで、ポステコグルー監督は選手たちに持論を説いた。そして勝つための方法論がアタッキングフットボールだ。

石垣島キャンプ序盤では、自ら大声を張り上げて選手に基本となるスタイルを植え付けていった。

「パスとして出たボールは人が走るよりも速い」という〝常識〟を選手に伝える。素早く、そして正確にボールを動かすことで相手を走らせ、疲弊させる。常に前方向へのプレーを求めるのは前任のエリク・モンバエルツ監督と同じ考えだが、ポゼッションで優位性を保つ手法がより強調された。

守備の基本姿勢も変わった。前線の選手はハイプレスを、守備陣にはハイラインを徹底的に浸透させていく。

相手チームが持っているボールに高い位置からプレッシャーをかけることでミスを誘発させる。ハイラインを保つことで押し上げ、全体をコンパクトにした状態でボールを奪う。最終ラインの背後に生まれた広大なスペースのカバーはＧＫの仕事となり、走行距離は約1・5倍に増えた。

両サイドバックがインサイド寄りのポジションを取るのも特徴的な戦術のひとつとして注目された。後方からのビルドアップ時に、松原健や山中亮輔はタッチライン際ではなくアンカーとして構える喜田拓也や扇原貴宏の両脇に陣取る。

次々と施されるピッチ内の改革に選手たちは戸惑いの色を隠し切れず、この時点では半信半疑だった。それでもベテランの中澤佑二を筆頭に、指揮官の理想に早くアジャストしようと懸命にトライしていった。

もっとも、試合で起きる目に見える変化はポジティブな事象ばかりのはずもなく、むしろほろ苦いシーンが頻繁に発生した。

その典型例が、ハイラインの背後を突かれて招く大ピンチや、高い位置に飛び出したＧＫの頭上を越えるロングシュートによる失点だ。飯倉大樹や杉本大地は幾度となく屈辱的な失点シーンに直面したが、それでもポステコグルー監督はスタイルを曲げようとはしなかった。

型にハマったときには威力を発揮するが、その反面であっさり喫する失点が多いため安定した結果を求めるのは難しい。伝統として息づいていた自陣ゴール前での耐久力は急激なスピードで影を潜めていった。

画期的な戦術が注目を集める一方で、理想には程遠い結果に終始する。

開幕3試合を1分2敗と勝てず、初勝利を挙げたのは第4節・浦和レッズ戦でのこと。つづく第5節・清水エスパルス戦にも勝利して連勝を飾ったが、その後は5試合勝ちなし（2分3敗）ともどかしい序盤戦を過ごした。

この時点で順位は15位と低迷。夏以降も黒星が先行し、最後は16位のジュビロ磐田と同勝ち点ながら12位で辛くも残留を果たした。

その原因として失点数の多さが挙げられる。56失点は前年の36失点から1・5倍以上に増加。リーグ2位タイの56得点を挙げたのはポジティブな変化と言えたが、これでは戦績が安定しないのも当然だった。

苦しいシーズンを、扇原貴宏は苦い表情でこう振り返る。

「コンスタントに試合に出させてもらっているのに、なかなか勝てない悔しさともどかしさがありました。12位という成績には誰も満足していないし、とにかくもがき苦しんだシーズンでした。ただ、自分たちのサッカーをしっかり表現できれば良い内容で勝てた試合もありました。そういう機会をどれだけ増やしていけるか。最初の1年を無駄にしないために、2年目のスタートが肝心になると思っていました」

攻撃的なサッカーに舵を切り、思うように結果を出せず苦しんだ。だが、かすかに見えた光明はのちにつながる可能性だった。

最終節を戦い終えた翌日、黒澤良二社長の口からポステコグルー監督の契約更新が正式に発表され、同時にアタッキングフットボールの継続が宣言された。

「ウチはこれだけの力しか出せなかった。でも逆に言えば、これだけの力は出すことができた。悪い面はすべて見えたと思っているので、そこはポジティブに捉えている。新しい取り組みで、人々に感動や笑顔を与えるサッカーをやるのは簡単ではないし、一朝一夕にはできない。彼（ポステコグルー監督）の持っている経験と能力を信じている」

シーズン途中の7月に就任した黒澤社長は、視線を真っすぐに向けて2018年を総括した。

鉄人の引退 中澤佑二が残したモノ

ポステコグルー体制2年目のスタートも、決して順風満帆ではなかった。

長年にわたって横浜F・マリノスの守備を支えてきた中澤佑二が年明け早々に現役引退を表明。チームの顔は自らの意志でスパイクを脱ぎ、20年間の現役生活に幕を下ろした。

2018年後半は慢性的な両膝の痛みの影響で戦線を離れていたが、周囲への影響力という点で背番号22がグラウンドからいなくなる意味は大きかった。

中澤の功績については、あらためて詳細に記すまでもないだろう。

日本を代表するセンターバックとしてW杯に2回出場するなど、輝かしい実績を残した。フィールドプレーヤーとしては現役トップの199試合に連続出場し、178試合連続フル出場という偉業も成し遂げた。

まさしく鉄人と呼ぶにふさわしい実績を残した、日本サッカー史に名を残す名プレーヤーだ。

その秘訣は、日々の地道な努力にあった。

チームで誰よりも早くクラブハウスにやってきて準備をスタートする。練習中はとにかくガムシャラに、100％の力で走り抜く。終了後は日が暮れるまでリカバリーやメンテナンスに時間を注ぐ。アスリートとしてプロフェッショナルな姿勢を貫き、最後の最後まで後輩たちの良き手本となった。

中澤の長所を記すとすれば、時代や潮流の変化を厭わず、前向きにチャレンジできる精神力の強さだろう。変わることを恐れず、能動的に変えられる能力は、不安を払いのけるメンタルがなければできない芸当である。

負傷に悩まされた時期には、トレーニング方法を変えた。筋力トレーニングの量を調整し、練習後ではなく練習前に行うことで心身のリズムを微調整。海外選手のレベルに圧倒されれば、フィジカルコーチと相談しながら砂場や坂道を駆使する新たな手法で体幹トレーニングを実践する。

メディカルチェックで鉄分が不足していると指摘されれば、週に複数回レバニラ定食を頼んで腹を満たした。焼肉では赤身肉しか食さず、揚げ物などはもってのほか。食材購入時の成分表チェックも欠かさなかった。

ポステコグルー監督がハイラインを提唱したときも、意欲的に取り組んだ。スプリントや反転スピードなどのアジリティが加齢による影響で難しくなったとしても、そんな様子をおくびにも出さず勇気を持ってチャレンジする。

とにかく人前で絶対に弱音を吐かない人間だった。

すべての行動が前を向いている。

「できる、できないではなく、やるか、やらないか」

約15年間の取材のなかで、この言葉を何度聞いたことか。同じ社会人として、こちらまで襟を正された。

自身がルーキーイヤーのときから中澤の背中を見てきた喜田拓也は、特別な存在感を享受していた選手のひとりだ。

「後ろにいてくれるだけで安心する存在でした。それだけで空気が締まるというか。あれだけ長くクラブを支えて、顔として実績を残してきた人がグラウンドからいなくなったのだから、もちろん多少の不安はあります。でも佑二さんが自分の意志で決めたことを仲間として尊重したいし、同じピッチで戦った選手として、受け継がなければいけないものがある。それをしっかり表現していきたい」

またひとり、横浜F・マリノスを支えた男がピッチを去った。

中澤佑二が残した17年間の足跡は、チームのスタイルが変わったとしても色褪せることなく、ともに戦った仲間たちによって後世に伝えられていく。

山中亮輔の移籍と背番号10の行方

1月10日の新チーム始動日当日、山中亮輔の浦和レッズへの移籍が発表された。2017年から横浜F・マリノスに加入し、以降は左サイドバックのレギュラーとしてプレーしていた。このタイミングでの流出は痛手であり、誤算だった。

積極果敢なオーバーラップからの正確なクロスや強烈なミドルシュートを武器とする山中は前年11月に初めて日本代表に選出され、デビュー戦のキルギス戦でさっそく代表初ゴールを決めていた。25歳という年齢を考えても、これから成長し、サッカー選手として成熟していく時期である。さらなる飛躍が期待できるプレーヤーだっただけに、このタイミングでの国内移籍は編成に少なからず影響を与えた。

それでもフロントはすぐさまタイ代表のティーラトンを獲得し、この時点での戦力ダウンを必要最小限に抑えることに成功した。所属元のムアントン・ユナイテッドからヴィッセル神戸への期限付き移籍期間が満了していたため、移籍交渉は比較的スムーズにまとまった。後述するフロントの目利きとリカバリー能力がここでもおおいに力を発揮した形だ。

2019シーズンはアタッキングフットボール完成を目指して新たな血を次々と加えていった。

ブラジルでの実績に優れるマルコス・ジュニオールやエジガル・ジュニオ、それから2020年東京五輪を目指す世代の筆頭である三好康児を補強。彼らには攻撃を活性化する役割が期待された。

アンダーカテゴリーからも、ポステコグルー監督が提唱するスタイルにフィットしそうな広瀬陸斗をJ2の徳島ヴォルティスから、朴一圭をJ3のFC琉球から獲得し、さらに実績豊富な李忠成を浦和レッズから完全移籍で、育成組織出身の高野遼をヴァンフォーレ甲府からレンタルバックで呼び戻した。

苦しんだ1年目を経て、強化サイドもポステコグルー監督の意向をしっかりと把握し、そこにコストなど条件面を加味しながら過不足のない編成を行った。

選手間の能力差は小さくなり、すべてのポジションにレギュラークラスがふたりいる状況を作る。あえて26人という少数精鋭にしたのは競争力を促す意味合いが大きく、指揮官が若手育成よりもチーム力の最大化を優先する考えを持っていることを就任1年目で把握できたからにほかならない。

そして、空き番号となっていた背番号10を天野純が背負うことも発表された。

横浜F・マリノスユースから順天堂大学を経て、２０１４年に加入したレフティーはポステコグルー監督1年目に全34試合に出場。２０１８年9月には日本代表に初選出され、代表デビューも果たした。押しも押されもせぬ中心選手に成長し、クラブもエースナンバーを託した。

「プレッシャーは相当かかると思うし、周りの目も変わる。でも自分のなかでは殻を破りたい。偉大な選手たちが背負ってきた背番号なので重みがある。恥ずかしいプレーはできない。背番号10は試合を決める選手というイメージ。自分も違いを生み出す選手になりたいし、絶対的な選手にならないといけない。でも、楽しみのほうが大きい」

マイペースな性格らしく、最後は悪戯っぽく笑った。

こうして新たな陣容で臨む2年目のシーズンが始まった。

喜田の静かなる闘志 畠中の腹をくった開き直り

ポゼッションのテンポが上がらず、思うようにパスがつながらない。相手のプレッシャーを受け、バックパスが増える。不用意なミスから失点を喫する。ポステコグルー監督は首を横に振り、頭を抱えた。

宮崎キャンプ中盤に行われたJ2・アビスパ福岡との練習試合では前年とあまり変わらず、煮え切らない光景が広がっていた。2対2という結果以上に、指揮官はフラストレーションを溜めているように見えた。

案の定、翌日の試合振り返りミーティングではポステコグルー監督の怒号がミーティングルームに響き渡った。

「ミスは起きるものだが、簡単なミスはいけない。いまは開幕に向けてリハーサルできる時間だが、ただの練習試合だと思ってほしくない」

プレシーズンとはいえ、昨季からの進捗を感じにくい内容にチーム全体が焦燥感を漂わせていた。

2年目の指揮となるポステコグルー監督は、石垣島での一次キャンプから選手をふたつのグループに分けた。目指す方向性はまったく同じなのだが、主力メンバーを固定して熟成を図る手法を選んだのである。

結果的に、その采配が目に見えない停滞につながっていたのかもしれない。内容が低調にもかかわらず選手の入れ替えがなければ、準備段階であるこの時期は精神状態をポジティブに維持するのは難しい。前年に思うような結果を残せていない影響も少なからずあった。

キャンプ総仕上げのセレッソ大阪戦でも主力組のメンバーは大きく入れ替わらず、チーム状態が上がらないまま0対1の敗戦。チーム全体が閉塞感に包まれ、明るい材料を見つけるのが難しい90分だった。

そんなトリコロールに一筋の光明が差したのは、翌日に行われたセレッソ大阪との控え組同士の練習試合だった。

キャプテンマークを巻いてピッチに立った喜田は努めて冷静に振る舞いながらも、内に闘志を秘めていた。

「この練習試合は2018年のプレータイムが短い選手が多い構成で、そこまでのチーム状況としても何かを変えていきたかった。個々に溜まっているものはあったと思うので、みんなの思いを汲み取ったなかで、試合前の円陣のときに『このメンバーでいいゲームをしよう』と声をかけました。そういった小さな働きかけで一体感が生まれていったらいいなと思ったんです」

すると立ち込めていた霧が晴れるかのように、横浜F・マリノスは自分たちらしいサッカーを披露した。

ポゼッションでセレッソを圧倒し、宮崎キャンプから控え組に回った李忠成やルーキー椿直起の得点などで3対0の完勝。選手たちはゴールのたびに喜びの感情を表現し、勝利すると全員がハイタッチとともに咆哮した。

その試合で喜田とともにチームの先頭に立って戦ったのが畠中槙之輔だった。

畠中は2018年夏に東京ヴェルディから加入。ビルドアップという武器を持っていたものの、初めてとなるJ1の舞台では半年間でわずか5試合の出場にとどまり、迎えた新シーズンもレギュラー争いに割って入れなかった。

その状況で迎えたセレッソとの練習試合だった。

「石垣島キャンプも宮崎キャンプも、センターバックはずっとチアゴ（マルチンス）とドゥシャンのふたりで固定されていて、今年も試合に出るのは難しいのかなという状況でした。主力組の内容があまり良くなかったのはみんなが感じていたことだと思うけど、それでもチャンスがもらえない自分自身に苛立ちもありました。

悔し過ぎて辛かったけど、気持ちとしては腹をくくって開き直った状態で最後の練習試合をプレーしました。僕たちの立場としては、とにかく結果と内容で示すしかない。試合では、積極的に前方向にボールを供給できたし、守備陣も無失点で試合を終えることができた。自分のなかでも多少の手ごたえはありました。これでも主力組に入れないなら、それはそれで仕方ないなと」

宮崎キャンプが終わり、開幕1週間前に非公開で練習試合を実施。喜田と畠中の立ち位置は主力組に昇格し、チームに欠かせないセンターラインを形成していく。

「あの試合で人生が変わりました」(畠中)

ポステコグルー監督は、彼らの取り組む姿勢と熱量を見ていた。

新キャプテンは三者三様のパーソナリティ

新シーズンを戦うためのチーム作りと並行して、ポステコグルー監督は2019シーズンのキャプテン選びという課題を抱えていた。

石垣島での一次キャンプ途中には栗原勇蔵、李忠成、飯倉大樹、ドゥシャン、扇原貴宏、天野純、喜田拓也の7選手を食事会場に集め、「チームの中心になっていってほしい」と話した。年齢やキャリア、チーム内での立ち位置や影響力などから、この面々のなかから新キャプテンを選ぶ考えが見え隠れした。

ようやく結論が出たのは開幕の2日前だった。

ポステコグルー監督は扇原、天野、そして喜田の3選手を監督室へ呼び、直々にキャプテン就任を伝えた。練習試合でキャプテンマークを巻いていた3選手とはいえ、3人並列という答えは過去に例のない、やや意外なものであった。

大役を意気に感じ、さらにパワーに変えられるのが喜田という男だ。

「自分からやりたいと名乗り出るものではなく、自然と任されるもの、与えられる立場だと思っている。自分にとってマリノスのトップチームでキャプテンを任されるのは特別なこと。ボスから任されたときは自然と力が湧き上がってきた」

育成組織時代からチームの中心選手として、多くのシーンでキャプテンを務めてきた。トップチームでも胸を張って先頭に立ち、堂々とキャプテンマークを巻く。これ以上ない人選といえるだろう。

喜田とは正反対に「自分はキャプテンをやるタイプではない」とこともなげに言えてしまうのが天野純というキャラクターであり、魅力だ。言動は常にマイペースで、気負うような場面はほとんどない。「一番に求められるのはチームを勝たせるプレー」と自身に言い聞かせ、まったくと言っていいほど重圧を感じていなかった。

その中間地点にいたのが、扇原だったのかもしれない。

中澤佑二が戦線離脱した前年途中からキャプテンマークを託されていた。

育成組織出身でもなく、在籍年数が長いわけでもない。ゆえに必要以上に重圧を感じなくてすむという見方もできたが、実はプレッシャーと戦う日々に神経をすり減らしていたと明かす。

「自分は副キャプテンでもない立場で突然、監督からの指名でキャプテンマークを巻くことになりました。横浜F・マリノスというクラブの価値は理解しているつもりだったし、絶対にJ2に降格させたらアカンという思いで戦っていました。佑二さんや勇蔵さんのように長く在籍している選手もいたなかで、自分がキャプテンを務める責任は想像以上に重いものでした」

まさしく三者三様のキャプテン3人体制がこうしてスタートした。

ちなみに、2019シーズンにこの3選手が同時に先発した試合は4月20日の北海道コンサドーレ札幌戦のみ。システム上、中盤に用意された枠は少なく、ボランチやインサイドハーフでプレーする彼らは、ポジション争いの対象となる〝商売敵〟だった。

ピッチ内では良きライバルとして切磋琢磨し、ピッチ外では信頼できる仲間としてお互いを頼った。喜田が「周りにたくさん助けられました。僕の苦労が周りの人たちの協力する姿勢によって軽減されたのは間違いありません」と言えば、扇原は「キャプテンが3人になって、バランスよくできたと思います。しんどいことも3人いれば『なんとかなるやろ』と必要以上に背負い込むこともなくなりました」と柔らかい表情で前年との違いを表した。

かつてのような飛び抜けた実績を持つ象徴的な選手はいなくなった。

それぞれの個性を発揮し、上手くチームをまとめあげたキャプテンたち。

中村俊輔、齋藤学、中澤佑二という過去3年でキャプテンを務めた選手が、それぞれ異なる理由で横浜F・マリノスの選手ではなくなった。

そして過去2〜3年で加入したばかりの、在籍年数の浅い選手がチームの大半を占めた。

新しいキャプテン3人を先頭にしたフレッシュなチームが、勇猛果敢にアタッキングフットボール2年目へ挑んでいく。

開幕2連勝と起死回生の同点ゴール

2019シーズンは、強豪・ガンバ大阪とのアウェイゲームで幕を開けた。

新加入のエジガル・ジュニオ、マルコス・ジュニオール、三好康児、広瀬陸斗、さらにレンタルバックの高野遼も先発に名を連ね、スタメンの約半数が新顔という布陣でキックオフを迎える。

試合が始まると、誰も予想できない展開が待ち受けていた。

開始38秒、自陣でのバックパスを相手に奪われ、絶体絶命のピンチを迎える。シュートは角度がなかったため左ポストに弾かれたが、こぼれ球を押し込まれてあっさり先制を許してしまう。

ポステコグルー体制1年目もハイラインの背後のスペースを突かれるシーンや自陣でのボールロストから痛い失点を喫してきた。悪夢が蘇るかのような立ち上がりの失点は前途多難を予感させるものだった。

しかし2019年の横浜F・マリノスはひと味違った。

失点の2分後、中央突破から仲川輝人が押し込んで同点に追いつく。昨季9得点を挙げて主力に定着した苦労人アタッカーが、今季の横浜F・マリノス第1号を決めた。

その仲川は半信半疑で試合に臨んでいたことを明かす。

「2018年は残留争いで苦しいシーズンだった。今年はもっと安定してスタイルを発揮して勝ち点を積み上げていけるのか。正直に言うと、自信と不安の両方があった。しかも開始早々に失点して嫌な展開になって……。でも、だからこそ早い時間に同点に追いつけたことに意味があった」

仲川の同点ゴールで息を吹き返した新生トリコロールは、新加入の三好康児とエジガル・ジュニオも得点を決め、3対2で開幕戦勝利を飾った。シュート21本を放ち、決定機を数多く作った過程もスタイルの根付きを感じさせた。

第2節のベガルタ仙台戦はエジガル・ジュニオが開幕戦から2試合連続となるゴールをマークして2対1で勝利し、2連勝と見事な開幕ダッシュを決めた。

つづく第3節は、リーグ2連覇中の川崎フロンターレとの一戦。優勝候補筆頭との対戦は、今後の試金石となるゲームとして注目された。

試合は開始4分で自陣でのボールロストから失点する苦しい展開ながらも、前半24分にマルコス・ジュニオールの来日初ゴールで同点に追いつく。だが、さすがに一筋縄で行く相手ではなく、拮抗した展開のなかで後半43分に勝ち越しゴールを許してしまう。

残り時間はアディショナルタイムを合わせても数分しかない。

敗色濃厚——。

この状況にチームは焦燥感を漂わせていた。

迎えた後半50分。ほぼラストプレーの左CKを任された天野純は、GKが飛び出せないエリアへボールを送る。頭で合わせてゴールネットを揺らしたのは、途中出場の扇原貴宏だった。

起死回生——。

殊勲の扇原は、なんとか引き分けに追いついたこの試合で手ごたえを得ていた。

「自分のゴールはたまたまです。でも試合としては絶体絶命の状況を泥臭いゴールで引き分けに持ち込めた。2019年のマリノスは簡単に負けないことを印象付けられたし、自分たちとしても『今年は違うぞ』という雰囲気を感じることができた。相手がフロンターレという強いチームだったのも自信を後押しする根拠になったと思います」

シーズン全体で68得点を挙げた2019シーズンで、PKを除くセットプレーからのゴールはこの1得点のみ。後半戦はショートコーナーを多用するなど、パワープレーとは無縁のスタイルでゴールへ迫った。

GK飯倉大樹もゴール前に上がる総動員攻撃が実ったのは、最初で最後。だから、自分たちらしくはなかったかもしれない。

それでも勝負にこだわる姿勢を発揮して、のちに大きな意味を持つ勝ち点1を得た。

開幕3戦を終えて2勝1分という結果以上に、2018年からの変化をピッチ内で表現してみせた。

システム変更がターニングポイントに

上々の滑り出しを見せた横浜F・マリノスだったが、以降は一進一退の戦いを繰り返していく。

シーズン全体の約3分の1にあたる11試合を終え、5勝3分3敗の7位ともどかしい位置にとどまる。

喫した3つの黒星はいずれも無得点に終わり、複数失点での完敗だった。特に第11節のセレッソ大阪戦は相手の堅い守備ブロックを崩せず、反対にサイドバックの背後のスペースを巧みに使われて失点。攻撃の迫力と引き換えに守備の安定を失っていた印象は否めなかった。

すると第12節のヴィッセル神戸戦を前に、ポステコグルー監督が動いた。

エジガル・ジュニオが負傷から復帰して6試合ぶりの先発となるタイミングで、これまで主に左ウイングとして起用していたマルコス・ジュニオールをトップ下へ配置転換。さらにそのマルコスを支える中盤の底をダブルボランチに変更したのである。

システム変更と同時に天野純や三好康児、広瀬陸斗といった開幕から主力を担ってきた面々がベンチスタートとなった。特に攻守のリンクマンとして信頼を置いていた天野を控えに回す采配は選手にも少なからず驚きを与えた。

この新システムが大きな効果をもたらす。

中央エリアにポジションを移したマルコスは自由を謳歌。フィニッシュ能力、鋭いラストパス、巧みなドリブルキープといった特徴がより強調され、攻撃を加速させる存在になっていった。もともとのプレースタイルがフィットしただけでなく、マルコス自身の意識に変化が芽生えたことも大きな要素となった。

「トップ下は小さい頃からやっていたポジションなので馴染みがあった。僕はある程度自由に動くことが好きで、それがチームにフィットした。結果的に自分もマリノスも内容が良くなったと思う。僕自身は貪欲にゴールを狙うよりも周りを生かそうと考えた。チームのために貢献すること、チームとして戦うことを心がけた」

そのマルコスが先制ゴールを決めた神戸戦を4対1と完勝する。翌週のジュビロ磐田戦でも4得点を挙げて大勝すると、さらに前年までやや苦手としていた湘南ベルマーレにも2対1で競り勝って今季初の3連勝を達成。攻守ががっちりと噛み合ってきた。

システム変更とマルコスのトップ下起用によって、チームはどのように変化したのか。ボランチの扇原貴宏と右サイドバックの松原健が違いを説明する。

「中盤の形が逆三角形のアンカーシステムの場合、中央のスペースを埋めることが重要になります。そのぶん入ってきた選手を厳しくチェックすることが難しかった。でもダブルボランチになれば、横にもうひとりいるおかげでボールサイドの選手は相手にアタックできるようになります。キー坊（喜田拓也）のカバーを信じて、迷わずチャレンジできるようになりました。

攻撃では前の枚数が少し足りなくなる傾向があるので、それまでよりも速い攻めになったかもしれない。でも人数と選択肢が少ないこともあって、前線の選手だけで攻撃を完結できていたし、ポゼッションで押し込める展開のときは自分とキー坊のどちらかが高い位置に絡んでいくことを意識していました」（扇原）

「中盤がダブルボランチになったことでサイドバックのポジショニングにも変化がありました。逆三角形でアンカーのときは、サイドバックがインサイド寄りに入る場面が多かったですが、本職のボランチではないのでパスをつなぐ部分で難易度が高かった。それが中盤を正三角形にしたことでマルコスが自由に動けるようになり、サイドバックも強引にポジションを取らなくてすむようになりました。

２０１８年と比べるとプレーエリアはタッチライン際寄りに戻ったと思うし、あくまでもボランチの選手が高い位置やサイドに出たときに自分たちサイドバックが中に入る。そういった流動性が攻撃を活性化させる要因になったと思います」（松原）

攻撃のスリム化と同時に守備の安定を手にした横浜F・マリノスは、この試合を起点に基本システムを変更。中盤の形を逆三角形から正三角形に変え、個々の役割が明確になる。さらに個性を活かすようにさらなるブラッシュアップを図り、終盤戦を圧倒的な強さで駆け抜ける。

それはしばらく先の話である。

逆転負けを喫した清水戦後のロッカールームにて

試合後、ロッカールームは誰ひとりとして口を開かなかった。あまりにもショッキングな逆転負けに皆が言葉を失い、その場には重苦しい空気が流れていた。

するとひとりの選手が厳しい剣幕でマルコス・ジュニオールに詰め寄っていく。

畠中槙之輔だった。

4連勝をかけて臨んだ第15節の清水エスパルス戦でも、3連勝中同様に先制に成功した。一時は同点に追いつかれたが、後半36分に仲川輝人の勝ち越しゴールで再びリードを奪う。

その直後の出来事だった。マルコスがこの日2枚目の警告を提示され、退場処分になってしまう。

ゲーム再開のために清水側がセンターサークルに戻そうとしたボールは、たまたまマルコスの近くを通り過ぎた。次の瞬間、前半からフラストレーションを溜めていたマルコスがボールを大きく蹴り上げてしまい、これが遅延行為と判定されたのだ。

リードしながらも、ひとり少ない状況での戦いを強いられた横浜F・マリノスは、チーム全体の意思疎通を欠いた。サッカーにおける永遠のテーマ「攻めるのか、守るのか」の統一感が足りなかった。

攻撃陣は前線からハイプレスに走り、普段通りのプレーに徹した。ポステコグルー監督が後半42分に李忠成を投入したことも、それを助長した。数的不利の状況だとしても、あわよくば追加点を奪って試合を決めようと考えるのは、常に攻撃的な姿勢を崩さないスタイルとしては正しい。

だが、守備陣の思考は少し違ったようだ。ハーフタイムにチアゴ・マルチンスを負傷交代で失い、さらに退場処分が下されたことで残りの時間は押し込まれる展開になるだろう。チームとしてそれに対処しながら、残り約10分をやり過ごして勝利を最優先するのも間違いとは言い切れない。

試合は後半44分とアディショナルタイムに立て続けに失点し、2対3と逆転負け。目前に迫っていた4連勝を逃すだけでなく、精神的なショックも大きい黒星を喫した。

畠中は意を決した。ロッカー内の席がちょうど隣だったマルコスに対し、ロッカールームに響き渡る音量で、このときばかりは少々声を荒げてしまった。

「試合に負けた悔しさもあって、それをぶつけてしまった部分はありました。感情的な言葉や表現になったのは反省しています。でも、あの状況で誰も何も言葉を発しないのはおかしいと思いました。チアゴが負傷交代して、急造の布陣で戦わなければいけなかった。それでもようやく勝ち越しに成功した。それなのに、あまりにも不必要なプレーで退場処分になって、チームに迷惑をかけてしまったことが残念でならなかった」

畠中はキャプテンでも年長者でもなく、在籍年数も1年弱と浅い。しかし日本代表にも選出されるようになり、中心選手としての自覚が芽生えつつあった。そんな矢先の一件を、黙って見過ごすことはできなかった。

マルコスもまた、興奮冷めやらぬ様子で反論したという。

「シン（畠中槙之輔）と言い合ったのはよく覚えています。自分も熱くなってしまって『2対1の状況になっていたのだから無理にプレスに行かずに守り切ることも大事ではないか？』と強い口調で言い返してしまいました。でも、まず反省すべきは自分の愚かな行為だったと思います」

互いに思いの丈をぶつけ、翌日の練習前にしっかり仲直りした。マルコスから歩み寄り、畠中へ反省の言葉を述べた。わだかまりは残らなかった。

ふたりだけでなく横浜F・マリノスはチームとして教訓を得た。

実際に、似たような状況はそれ以降もあった。

第20節・ヴィッセル神戸戦ではチアゴ・マルチンスが、最終節のFC東京戦では朴一圭がいずれも一発退場するアクシデントに見舞われた。どちらの試合もリードしている状況ながら数的不利になり、苦しい戦いを余儀なくされた。

加入2年目ながらディフェンスリーダーとして君臨した畠中槙之輔。

苦い経験を血肉に変えることができた。

そう話したのは畠中だ。

「絶対に二の舞にならない。同じ過ちは繰り返さないと誓った。あれからの試合は、アクシデントが起きても全員が共通意識を持って戦えていたと思う。ピッチ内でのコミュニケーションも増えたし、動揺しなくなった。ひとり退場した神戸戦もFC東京戦も、それから追加点を奪って勝てたことが成長の証だと思う」

全試合にフルタイム出場した畠中は日本代表の常連となり、横浜F・マリノスでは押しも押されもせぬディフェンスリーダーに成長した。

そして一時の過ちを犯したマルコス。

件の清水戦は、彼がこのシーズンで最後に警告を受けた試合になった。

背番号9は出場停止明けの試合から18試合連続で先発し、シーズントータルで15得点を挙げる大活躍。そして仲川輝人と並んで得点王に輝き、ベストイレブンにも選出された。

支払った授業料は決して高くなかった。

最初の首位攻防戦 4失点黒星にも下を向くことなく

清水戦の翌週に行われた松本山雅FC戦を1対0で勝利。この時点で首位のFC東京と勝ち点3差の2位につけていた。

首位攻防戦は前半戦の折り返し地点である第17節に組まれ、2点差以上の勝利で今季初めて首位に立つ可能性のあるゲームに。喜田拓也は「上へ行くための大一番」と位置付け、キックオフを迎えた。

敵地・味の素スタジアムに乗り込んでの一戦は、首位奪取を狙う横浜F・マリノスがマルコス・ジュニオールのゴールで先制する幸先良い展開で幕を開ける。出場停止明けのマルコスはみなぎる気合いを表に出し、仲川輝人からのクロスに合わせてゴールネットを揺らした。

だが開幕から堅実なサッカーで勝ち点をコツコツと積み上げてきたFC東京は、まぎれもなく強者だった。前線のディエゴ・オリヴェイラと永井謙佑はJリーグ屈指のスピードとフィジカルを誇る2トップで、横浜F・マリノスはこれまでの敗戦と同じように最終ライン背後のスペースを突かれてしまう。

そこにミスも重なり、今季最多の4失点。先述した清水戦のような〝訳アリ〟の黒星ではなく「力負け」(喜田拓也)だ。

現時点での実力差を痛感させられた一戦から、選手たちは何を学んだのか。

仲川は自分たちの甘さを指摘しながらも、次への収穫を言葉にした。

「先制したことで気が緩んだ部分はあったと思う。その甘さや雰囲気がピッチ内に出てしまった。失点は自分たちのセットプレーからのカウンターで、攻守の切り替えの遅さを突かれた形。最近の試合ではあまり失点になっていなかったけれど、FC東京のように相手のレベルが上がれば小さな隙が問題点になる。いろいろな気付きを与えてくれたゲームだった」

前半戦を終え、首位と勝ち点6差の3位。選手たちはこの途中経過をそれぞれの感覚で受け止めていた。

「チャンピオンになることが簡単ではないことをあらためて感じました。『もう一回這い上がってこい』と言われたような気がして。でも、まだ時間はあります。長いシーズンの半分が終わっただけ。自分たちの結末は自分たち次第で決まります」

喜田は悔しさを露わにしながら、でも視線を落とすことなく懸命に自分たちがやるべきことにフォーカスしていた。

遅咲きの29歳が新たな守護神に

GK朴一圭が自身のパフォーマンスに手ごたえを感じられるようになったのは、リーグ戦を折り返したこの頃だった。

2019年から横浜F・マリノスに加入した朴は、開幕当初は飯倉大樹に次ぐ2番手GKという立ち位置だった。J1での豊富な実績に加えて前年も現行スタイルを経験していた飯倉は、他と一線を画する走行距離や守備範囲で注目を集め、同時にアタッキングフットボールの象徴的な存在になっていた。

朴にとって飯倉は指針ともいうべき存在だった。「すべてにおいて能力の高い大樹くんのプレーが自分にとっての基準」（朴）。第５節のサガン鳥栖戦でＪ１デビューを飾り、以降ゴールマウスを守る機会が増えてもリスペクトの念は一切変わらない。トレーニングでは常に先輩ＧＫを目で追いかけ、迷った際には恥じることなくアドバイスを求めた。もちろん飯倉も快く応じた。

朴が最も苦慮したのは、ハイラインの背後のスペースをいかにしてケアするか。具体的には、ボールの位置を起点にして、味方の最終ラインと相手選手の位置関係を見極めながら自身がどのポジションを取るか、である。

加入当初は慣れないポジション取りに戸惑いを隠し切れなかった。

「想像以上にハイラインを保っていて、自分のポジションもすごく高くて驚きました。こんなに広大なスペースをカバーするのは難しいと感じたし、正直言って自分が処理すべきボールでも前へ出られない場面も多かったです」

だが、悩んでばかりはいられない。

松永成立ＧＫコーチとディスカッションを重ね、頭のなかを整理していく。さまざまなシチュエーションに応じたモデルケースを作り、さらに実戦を積みながら微調整していく。

松永GKコーチが苦労の過程を明かしてくれた。

「アンジェ（ポステコグルー監督）が監督に就任してからは、チームとしてのスタイルが大きく変わり、GKも頭のサイクルをいままでと大きく変える必要がありました。

特にハイラインの背後のケアは、明確な決まりごとがあるわけではないので難しい。最初は毎試合後に映像を確認して、『ポジショニングはどうだったのか？』『判断はどうなのか？』『ボールホルダーに味方がプレッシャーに行っているとき、行っていないときでGKのポジショニングと対応はどう変わるのか？』を考えました。多いときは1試合に10本以上飛び出すシーンがあって、20～30メートルの距離を走ることもある。なので試合中はできるだけ起きた事象と時間をメモして、ハーフタイムに映像で確認させています。

試合によって相手の特徴が違うし、味方のフィールドプレーヤーの調子も違ってくる。だからなるべく最新の情報で試合を戦えるように考えていました。それから重要なのはアバウトな指示を出さないこと。アバウトなことを伝えると選手が迷う原因になって、ウチのサッカーは失点のリスクが高まってしまうんです」

信頼する指導者との二人三脚での修正作業によって、朴が判断に迷うシーンは目に見えて減っていく。それが持ち前の守備範囲の広さや思い切りの良さを際立たせた。

朴一圭は松永ＧＫコーチとディスカッションを重ねることで成長してきた。

さらに精度を高めるきっかけになったのが、抜群のスプリント能力を誇るチアゴ・マルチンスとの関係性だ。

父親が体育教師のチアゴは、幼少期から走りの指導を受けていた。その教えは大好きなサッカーでもおおいに生きた。

「父親には足の上げ方やステップ、バランスの取り方を訓練してもらった。いまでもスプリントするときは一つひとつの動作を思い出しながら走っているよ。カバーリングに成功してサポーターが沸いてくれるのはうれしいし、努力が報われる瞬間だ。マリノスに貢献できるなら、僕は何度でも走る」

チアゴと畠中槙之輔を中心とするディ

フェンス陣は勇気を持ってラインを押し上げ、ハーフウェーラインを踏んだ。それに呼応するように朴も位置取りを整え、正確な状況判断で危険なボールを処理していく。こうして横浜F・マリノスの守備は、攻撃的でありながらも安定感を増していった。

そして、もうひとつ朴にとって大きかった出来事が、飯倉の移籍である。

朴が先発に定着してから2番手に回った飯倉は、出場機会を求めて7月末にヴィッセル神戸への完全移籍を決断した。

これを契機に朴は横浜F・マリノスの守護神という自覚をさらに強めてプレーしていく。より綿密に、より強気に。尊敬する先輩に恥じるようなプレーはできないという思いでピッチに立った。

「大樹くんがいてくれたから積極的にプレーできる自分がいました。もしミスをしても大樹くんが控えてくれているという安心感です。でも比較する対象がいなくなり、何が正解か分からなくなってしまった。大樹くんの存在が自分のなかに基準を作ってくれていたので、いまも大樹くんがいない不安はあります」

だから朴は最後までグラウンドに残り、一心不乱に汗を流す。レギュラーとして試合に出場している立場だとしても、不安との戦いはいつも孤独だ。

29歳にして初めてJ1のピッチに立った遅咲きの男は、薄れつつも息づく伝統の〝堅守〟を体現する者として存在価値を高めていった。

最後まで笑顔で旅立ちのとき

天野純は自分の可能性を試したかった。

6月下旬、ベルギー2部のロケレンから獲得オファーが舞い込む。身の振り方を決心するのに長い時間は必要なかった。

心に引っかかったのは、やはり横浜F・マリノスの状況だった。優勝を狙える順位につけ、自身も背番号10とキャプテンを担い、中心選手として戦ってきた。チームと仲間に迷惑をかけ、ファン・サポーターからの期待を裏切るのではないかという不安もあった。

育成組織時代から自分を育ててくれたトリコロールへの感謝と愛着は強い。自身のエゴだけですべてを決められるはずもなく、そもそも複数年契約を残しているため移籍にはクラブの理解が欠かせない。

オファーを受けた直後、天野は神妙な面持ちで語った。

「もっと早く海を渡れたら良かったけど、このタイミングで挑戦できるチャンスがあるのならば、自分としては行きたい気持ちはある。海外で自分がどれだけのし上がれるのか楽しみ。いま行かなかったら後悔するかもしれない。年齢的にも、これがラストチャンスだと思う。

でもマリノスでやり残したことがあるし、もっともっと活躍しなければいけないという思いもある。立場を考えても責任があるので、葛藤はある。しっかり考えて、自分にとってもチームにとっても良い決断をしたい」

前年9月に初めて日本代表に選出され、海外組との差を痛感した。技術よりも自信が源となる余裕や落ち着き、あるいは状況にかかわらず力を発揮できる場慣れしたメンタルに、自分は追いついていけなかった。

「Jリーグのレベルの問題ではなく、これは実際に海外に行って日々戦わなければ身につけられないものだと感じた。いまの成長スピードでは足りないので、もっとスピードを上げたいと思った」

7月19日には28歳になる。海外志向の強い選手は20代前半や、早ければ10代でも海を渡る時代の流れを考えると、タイムリミットぎりぎりだった。

とはいえ完全移籍のオファーではない。小倉勉スポーティングダイレクターをはじめとするフロント陣は、期限付き移籍のオファーに躊躇しつつも、最後は本人の意向を尊重した。アンジェ・ポステコグルー監督も首を縦に振り、天野を送り出した。

2014年に順天堂大学から加入した天野は、同シーズン1試合もリーグ戦のピッチに立てなかった。プロ2年目も6試合の出場にとどまった。

ようやく出番を得られるようになったのは3年目の後半だったが、当時から海外移籍の願望を持っていた。横浜F・マリノスで芽が出ていなければ、環境を変えるためにもっと早く海を渡っていた可能性もある。

当時とは違い、築き上げてきた実績に対するオファーが、天野はうれしかった。ここまでコツコツと積み上げてきたのだから、もっともっと成長できるはず。そんな思いで自分の未来に期待した。

「ベルギーの2部リーグだとしても、欧州でプレーして市場に乗ることに価値がある。それにベルギーはいろいろな国に囲まれていて、スカウトがたくさん来る。活躍してロケレンを昇格させることができれば、自分の価値も高まる。本田圭佑選手も同じような環境のVVVフェンロをオランダ2部から昇格させてヒーローになった。自分のチャレンジも、必ずこれからのサッカー人生につながっていく」

移籍前ラストゲームとなった7月6日の大分トリニータ戦に先発。移籍が決まっている選手を起用するのは負傷などさまざまなリスクをともなうが、指揮官は天野を戦力と見込んで起用した。

1対0で勝利し、自身の花道を飾る。試合後のセレモニーでも、最後のメディア対応でも、涙は一切見せなかった。むしろ、あっけらかんと笑っていた。

「自分のなかに停滞感を感じている。数年前に自分が感じていた成長速度ではないし、もうひと皮むけたい。（海外に）行かないで後悔したくなかった。2014年に加入したときは、自分が海外移籍するまでの選手になれるとは想像できなかった。これからひと回りもふた回りも大きくなって、いつかマリノスに帰ってきて経験を還元したい」

行ってこい、天野純。

気が済むまで戦ってこい。

移籍ウインドー時期の誤算と3連敗

この年の夏は、例年以上に選手の入れ替わりが激しかった。

すでに述べた飯倉大樹と天野純のほかに、川崎フロンターレから期限付き移籍で加入していた三好康児がベルギーリーグへ挑戦するために契約解除となり、イッペイ・シノヅカは大宮アルディージャへ完全移籍した。

また、若手も山田康太が名古屋グランパス、原田岳はSC相模原、椿直起はギラヴァンツ北九州へ、それぞれ出場機会を求めて期限付き移籍で旅立った。

一方の新加入選手も、バラエティーに富んだ顔ぶれとなった。

移籍ウインドーが開く前に泉澤仁と伊藤槙人が完全移籍で加入すると、飯倉の抜けた穴を埋めるべくベテランの中林洋次を獲得。さらに移籍ウインドーが閉まる直前にエリキ、渡辺皓太、マテウスの3選手を迎え入れた。

しかし不運にも、チームを再構築するタイミングとアクシデントが重なった。

7月20日のヴィッセル神戸戦でエジガル・ジュニオが左足首を骨折し、全治3ヵ月と診断された。エジガルとポジションを争う李忠成も持病の腰痛で合流と離脱を繰り返す状態で、一時的な戦力ダウンは避けられなかった。

第21節の清水エスパルス戦は出場停止のチアゴ・マルチンスに代わって伊藤槙人、負傷離脱したエジガルに代わって大津祐樹が3トップ中央を務めたが、再三のチャンスを生かし切れないまま0対1の敗戦。つづく鹿島アントラーズ戦は扇原貴宏の退場処分もあり、1対2で敗れて今季初の連敗を喫した。

もう負けられないセレッソ大阪戦は、直前の天皇杯3回戦・横浜FC戦で負傷した朴一圭に代わって杉本大地がJ1デビュー。前線には加入したばかりのエリキとマテウスを起用する新布陣で臨んだ。

しかし前半戦でも苦杯をなめたセレッソとは相性が悪く、自分たちの良さを出せぬまま1対2で敗れてしまう。まさかの3連敗で順位は5位に転落。さまざまな要因からチーム力を保てず、それが結果として最悪の形で表れてしまった。

ポステコグルー監督は「約700本のパスをつなぎ、70%以上ボールを支配し、約20回のチャンスを作った。選手たちは素晴らしいサッカーをやろうとしてくれて、その通りに実践してくれている」と選手をかばったが、小倉勉スポーティングダイレクターは編成の難しさをあらためて痛感していた。

「夏のウインドーで選手の入れ替わりがある時期で、さらに怪我というアクシデントが襲った。そこにビザの関係による登録の問題が重なってしまい、試合に先発する11人だけではないチーム全体のスカッドという意味で力を維持するのが難しかった。新加入選手をフィットさせる時間的猶予という点でもかなりぎりぎりで、あそこはシーズンのなかでひとつの転機だったと思う。戦力の維持向上をタイムリーにできず、少し遅れてしまったという反省はある」

首位・FC東京と勝ち点差は「9」。最終節に直接対決を残すとはいえ、これ以上の差は致命傷になってしまう。ほかにも鹿島アントラーズや川崎フロンターレといった強豪チームを逆転しなければならない。

文字通りの崖っぷちに立たされた蒸し暑い夏の夜だった。

連敗脱出 5得点大勝で光が差す

パロマ瑞穂スタジアムでの名古屋グランパスとのアウェイゲーム前、松原健はホテルでシャワーを浴びて汗を流し、戦闘モードのスイッチを入れていた。

その瞬間、ふと思った。

「チームが3連敗している。何かを変えないといけないんじゃないか」

普段はスタジアムへ向かう直前に髭を剃って心身を整えていたが、この日はあえて剃らなかった。

試合では仲川輝人が今シーズン初めて3トップ中央を務め、エリキが右ウイングに入った。エリキの守備能力は未知数だが、スピードというシンプルな武器がある。そして仲川を相手センターバックと対峙させることで、常に相手ゴールを意識してプレッシャーを与えられると考えたわけだ。

その仲川が開始直後にPKを獲得する。持ち前のアジリティの高さを生かしたワンプレーが、3連敗中のチームに勇気を与えた。このPKをマルコス・ジュニオールが落ち着いて決めて先制に成功する。

前半39分には加入2戦目のエリキが豪快なオーバーヘッドキックを叩き込んで追加点。

エリキは終盤にも遠藤渓太の2ゴールを演出し、新戦力として5得点での大勝に大きく貢献した。

多くの選手が3連敗に責任と重圧を感じていた。

攻撃の核としてフル稼働してきた仲川はこう試合を振り返っている。

「チームとして結果が出なかっただけで、チャンスを決め切れなかったFWの責任だと思っていた。だから、やり方を大きく変える必要はなかったし、ポジションが中央に移ってもやるべきことは変わらなかった。得点を奪えればウチは勢いに乗っていける。新加入選手の特徴をつかんで動き出しのタイミングが合ってきたのもこの試合からだった」

好転のきっかけをつかんだに過ぎない。それでも、一度も連敗していなかったチームがいきなり3連敗したのだから、選手たちの精神状態は普通ではなかった。

だからこそ勝ち点3以上に意味のある1勝だった。

キャプテンの扇原貴宏がその価値を語る。

「2連敗したときも3連敗したときも、次は絶対に負けられないと思っていた。4連敗したら本当にまずかったと思うので、名古屋戦にかける思いは強かった。正直言って、あの試合前までエリキの特徴はつかめていなかったけど、試合のなかで少しずつ信頼関係を構築できたと思う。エリキ自身が得点してくれたことも大きかったし、それによってチームに馴染むスピードが格段に上がった」

ベンチスタートの松原は、出場機会が訪れないまま試合が終わった。人知れずガッツポーズを繰り返した。世代別代表時代からチームメイトの杉本大地と喜びを分かち合い、少し違和感のある髭を誇らしげにアピールした。

松原健の復活劇

サンフレッチェ広島戦2日前、紅白戦の最中に右サイドバックのレギュラー広瀬陸斗が左太もも裏を痛めて離脱した。

このアクシデントをうけて試合前日のフォーメーション練習で右サイドバックを務めたのは、4月20日の第8節・北海道コンサドーレ札幌戦以来、約5ヵ月先発から遠ざかっていた松原健だった。

前節まで松原とともにベンチ入りしていた和田拓也もサイドバックの選手だが、対戦相手の広島から期限付き移籍加入している身のため、契約の都合で出場できない。広瀬が負傷した練習では途中から和田が右サイドバックに入っており、純粋な序列は松原よりも和田のほうが上だったのかもしれない。

だとすれば、迎える広島戦は松原にとって千載一遇ともいえるチャンスだ。

この試合を迎えるまで11試合負けなしと好調をキープしている広島は強敵だ。しかも左サイドにはJリーグ屈指の突破力を誇る柏好文がいた。

松原にとって試練が訪れた。

「広島戦に関しては、自分のことを最初に考えていました。ここで結果を残してチャンスをつかまないと、自分には二度とチャンスが来ないと思っていました」

開始3分、早くも勝負どころが訪れる。

高い位置でボールを持った柏が得意のドリブル突破を仕掛ける。応対した松原はステップを踏んで対抗すると、ボールが足下から離れた瞬間を見逃さず乾坤一擲のスライディングタックルを放った。

「試合の入りはすごく大事。あそこでひるんだらズルズルいってしまうと思っていました。ファウルになったとしても、一発目のプレーはガツンといこうと。それに久しぶりに試合に出場したときに、どうしても周りの選手と比べられてしまって『やっぱりあの選手のほうがいいな』とか『やっぱりダメだな』と思われる場合がある。言葉は難しいけど『オレもまだいるぞ』というところを示したかった。自分は今日しかないと思っていた」

パーフェクトなスライディングが決まり、松原と横浜F・マリノスは最高の滑り出しを見せた。

それでも広島は簡単に勝てる相手ではなく、前半をスコアレスで折り返す。拮抗した試合が動いたのは後半22分。遠藤渓太のグラウンダークロスに仲川輝人が合わせてゴールネットを揺らし、クラブ通算1400ゴールのメモリアル弾が貴重な先制点になった。

さらにティーラトンとエリキが追加点を挙げ、終わってみれば3対0。スコアほど余裕はなかったが、90分を通して集中力の高さが際立った。勝利への執着心という点でも、横浜F・マリノスは広島を上回っていた。

その試合のピッチに、今シーズンおおいに苦しんだ松原もいた。

開幕直前に先発の座を譲り、負傷離脱という苦しみも味わった。加入3年目で最も辛い時間を過ごしてきた。

夏のタイミングで移籍話がなかったわけではない。彼ほどの実力と実績を持つ選手ならば、出場機会を求めてユニフォームを着替える選択をしても不思議ではない。

でも松原は横浜F・マリノスの一員としてシーズン最後まで戦い抜くことを、自分自身の意志で決めた。相談を受けた扇原貴宏は「いつかチャンスが来たときのためにやったらええんちゃうかな」と励まし、松原と共闘するシーンを思い描いた。

そんな周囲の支えもあり、背番号27は見事な復活を遂げた。試合後、チームメイトに背中を押されるようにして円陣で音頭を取ったのは、松原だった。

試合に向けて髭を伸ばすルーティーンを始めて3試合目。チームだけでなく、ついに自分自身の風向きも変えてみせた。

「これは優勝あるよ」（大津祐樹）

今シーズン3度目の3連勝を飾った次節のベガルタ仙台戦は1対1の引き分けに終わった。

連勝こそストップしたものの、この試合では長期離脱していた高野遼の試合復帰というれしい出来事があった。

高野はヴァンフォーレ甲府からレンタルバックし、開幕スタメンを手中に収めた。そしてチームの2連勝に貢献し、さらなる飛躍が期待された3月上旬のタイミングでアクシデントに見舞われる。

練習で仲川輝人のドリブルに対応しようとした次の瞬間だった。右足を軸にして体を反転させると、周りには聞こえない鈍い音が体内に響く。練習の終わりまで走り、ジャンプもできた。でも、何か様子が違った。

拭えない違和感を消すために精密検査を行うと、右膝前十字靭帯損傷で全治8ヵ月見込みという重傷の診断が下された。

それから6ヵ月半が経った。日暮清ヒューマンパフォーマンスダイレクターをはじめとするトレーナー陣やメディカルスタッフの尽力もあり、高野は当初の診断よりも早く戦列に復帰できた。

ティーラトンが出場停止のタイミングで訪れた久しぶりの先発にもかかわらず、果敢なオーバーラップから松原健の得点をアシストした。自慢のフィジカルも負傷のブランクを感じさせず、局面での1対1でもしっかり体を張った。試合には勝てなかったが、個人としては上々の復帰戦といっていいだろう。

松原や高野は試合に出場できない時期も、目の前にある課題としっかり向き合ってきた。実績上位の栗原勇蔵や李忠成が真摯な姿勢でトレーニングに取り組んでいたことも

チームの雰囲気づくりも含めて優勝に大きく貢献した大津祐樹。

彼らに好影響を与えたのだろう。ベテランから若手まで、全員が毎日の練習でハードワークした。

試合のピッチに立てるのは先発11人と交代選手3人までだが、チームにはその約2倍の選手がいる。全員がチームの一員で、全員で横浜F・マリノスだ。

同じ頃、上位に位置するFC東京と鹿島アントラーズの足が鈍り始めていた。

前者は前半戦と同じサッカーを実践していたが、夏に久保建英が海外移籍した影響も大きく、思うように勝ち点を伸ばせない。

後者はAFCチャンピオンズリーグやルヴァンカップを含めた過密日程に苦しみ、主力選手の相次ぐ負傷離脱に頭を悩ませていた。

自身が置かれた状況にかかわらず、常に全力姿勢でフォア・ザ・チームを体現していた大津祐樹は強さの秘訣を話すと同時に、ある予言をささやいた。

「もし試合に出られなくてサボっている選手がいたら、オレが厳しく言う。練習からみんながハードワークして、雰囲気もいい。それが調子の良い理由で、しっかりとチーム一丸になれている。

これは、優勝あるよ」

終盤にさしかかり、Jリーグで一番勢いのあるチームはどこか。

横浜F・マリノスだった。

優勝するために、仲川はあえて苦言を呈した

3対1で湘南ベルマーレに勝利した試合後、仲川輝人は何も語らずにニッパツ三ツ沢球技場を立ち去った。

治療の時間が長くなり、その日のうちに病院で精密検査を行わなければいけなかった

からだが、それだけが理由ではない。

後半途中からのゲームの進め方と、後半アディショナルタイムの失点が許せなかった。3点差のリードで気が緩んだのか、ピリッとしない終わり方だった。

自身は3点リードの状況で負傷交代していた。

中盤でのルーズボール争いを制したかに見えたが、相手のスライディングタックルをかわした際に右太もも裏を負傷。

「自分のタイミングではなく、相手のディフェンスに対して踏ん張って耐えようとした瞬間に痛めてしまった。感触としてはプレーを続行できないわけではなかったと思う。でもスコアに余裕があったし、周りに『座れ』と言われたので」

仲間の言葉が聞こえ、その後の戦いを託した。だから仲川は担架に乗り、交代を受け入れた。

しかしベンチから見ていた残り時間はフラストレーションばかりが溜まった。単純なミスが多く、優勝争いの最中にいるチームの戦いぶりとは思えなかった。

「残り10分の停滞感にイライラした。3点リードで余裕ある展開の試合こそ無失点で終わらないといけない。ハードワークしての失点ならまだしも、前線のプレスもラインの押し上げも中途半端で失点していた。シーズンが終わったときに、あの1点が得失点差で運命を分けるかもしれない。だからもっと細かいところを突き詰めないと。勝ったからこそ悪いところを探したい」

このコメントは試合数日後の取材で聞いた言葉だ。その最後、仲川は「いまのコメント、書いてください」と言い残した。あえてメディアに向けて発信し、クラブ全体を取り巻く弛緩した空気に警鐘を鳴らした。

もちろん「自分がピッチに立っていれば」という自戒の念も強い。負傷は事故の要素が強かったとはいえ、試合終了までプレーできていれば緩んだネジを締め直すことができたはず。そんな思いや責任感を強くしていた。

「キャプテンだけでなく、全員がリーダーシップを意識しないと強いチームになれない。個人で言えば、2018年は自分が試合に出て良いプレーをすることだけで精一杯でした。でも2019年は少しずつ余裕が生まれて、周りのことも考えられるようになりました。試合中も練習中も、あえて厳しい言葉を発してチームを昂らせること、痺れさせるようなことを意識しました。とにかく勝ちたかったから、その思いが言動に自然と表れたんだと思います」

自他ともに認めるマイペースな男が、あえて感情を露わにした理由――。
残すは5試合。チームは明確にタイトルを意識し始めていた。

スタイルチェンジを受け入れるという選択

第30節のサガン鳥栖戦も2対1で勝利し、ベガルタ仙台戦での引き分けを挟んで6連勝。勝ち点を58に伸ばした。前を走る鹿島アントラーズとFC東京は勝ち点59で並び、横浜F・マリノスは3位ながら両チームと1ポイント差に迫っていた。

その原動力となったのが、夏の移籍ウインドーで獲得したエリキとマテウスのブラジル人アタッカーコンビだ。

加入当初はチーム戦術にフィットしておらず、スタンドプレーに走る場面もしばしば。ポゼッション時に味方との距離が遠く、守備での役割も理解し切れていなかった。

しかし試合を重ねるごとにビルドアップ時の立ち位置や周囲とのコンビネーションに磨きがかかる。かといって個の能力が半減したわけではなく、持ち前のスピードを生かした縦への突破で推進力をもたらす。

すると横浜F・マリノスの攻撃パターンも少しずつ変化していった。トップ下の選手として仲川輝人も含めたアタッカー陣を操ったマルコス・ジュニオールは、2019年にスルーパス数リーグ1位を記録した選手だ。

「エリキとマテウスの加入によって攻撃にスピードが生まれた。テル（仲川輝人）はもともとスピードのある選手だしね。僕がスルーパスを出せばスピードのある彼らは簡単に追いつくけど、後ろにいた僕がもう一度追いつくのは難しい。追いかけるのをやめてしまうこともあったよ」

苦笑いしながらも、それは真理をついた言葉だろう。労せずして相手ゴールに迫れるのだから、それを生かさない手はない。

同時に、彼らは高い位置から仕掛けるハイプレスでもひと役買った。マテウスはサガン鳥栖戦で単独プレスからボールを奪い、エリキの得点につなげた。エリキも第33節の川崎フロンターレ戦で相手センターバックからボール奪取に成功し、遠藤渓太のゴールをお膳立てしている。

得意のポゼッションを武器に押し込む展開だけでなく、手数をかけないショートカウンターでの得点も増えた。

相手はたまったものではない。とにかく高い強度のプレーが求められ、それは横浜F・マリノスの攻守の切り替えの早さを強調することにつながった。もちろん結果が出ているという自信が勢いを加速させている側面もあった。

選手の入れ替えによる組織力という点でのマイナスを、個々の能力を最大限生かすことで補い、トータルでプラスに変えた。

守備の中心としてプレーする畠中槙之輔はスタイルの変化をこう分析する。

「エリキは自分でプレスをかけてボールを奪って点を取れるし、マテウスも単独でボールを前へ運んでくれた。それはすごくラクで、助かりました。ただしエジガルや(遠藤)渓太が出場しているときほど組織的なプレスがハマらなくなりました。でも、みんなでカバーすればいいし、選手個々の特徴をどう生かしていくか。守備的なチームではなく攻撃的なチームだから、ポジティブな面を見ていこうと思いました」

ポステコグルー監督は一貫してアタッキングフットボールを提唱したが、具体的な方法論について言及する場面はほとんどなかった。

リーグ終盤を席巻した戦い方は、必ずしも理想に近いサッカーとはいえないかもしれない。現状の編成を鑑みて、ベストな選択を行った。

だからチーム戦術にフィットしていないエリキやマテウスを起用し続け、練習よりも試合のなかで練度を上げていく道を選んだ。

それによって落とした試合もなかったとは言い切れない。それでも終盤戦の強さを見たかぎりでは、我慢が成果として確実に実を結び始めていた。

だからエリキはいつも笑顔でいる

〝笑う門には福来る〟とはよく言ったものだ。

横浜F・マリノスの場合、それは快足FWエリキを指している。

いつも笑って、いつも和やか。周囲を明るい雰囲気にする力があり、こちらまで自然と笑顔になってしまう。落ち込んでいる様子や、イライラしている場面は見たことがない。

彼は誇らしげに言った。

「その理由は、僕が生まれ育ったルーツに大きく関係しているんだ」と。

エリキはブラジル北部のパラー州にあるトゥエレウンという地域で生まれ育った。赤道直下で気温は1年中40℃前後ある。隣の州にはアマゾンがあり、先住民も住んでいるような田舎だった。

父親は農業を営み、米やフェジョン（豆類の総称）、アサイーなどの農作物を育て、なんとか生計を立てていた。家は土で作られ、雨が降れば藁ぶき屋根なので雨漏りするのは当たり前の環境だ。

決して裕福とはいえない暮らしだったが、たったひとつだけ父親が与えてくれたサッカーボールがすべてを変えた。エリキに笑顔と明日へのエネルギーをもたらし、明るい未来への第一歩となる。

16歳のときにプロ契約し、初めてサッカーでお給料をもらった。それだけでなく、プロ契約したゴイアスECはエリキが12歳のときに、父親をクラブ職員として雇ってくれた。どちらの日も、エリキは家族と喜びを分かち合い、笑顔で幸せな時間を過ごした。

かつての苦労を考えれば、いまはすべてがハッピーだ。大好きなサッカーができて、それで生活できる。これ以上は望むべくもない。

「サッカー選手としての人生は短い。いつか引退しなければいけない日が必ずやってくる。それなら毎日を楽しく過ごさなければもったいない。僕はプロキャリアのなかで、いつも楽しく過ごすことをモットーにしているんだ」

そして得点の直後、喜びをふたりの女性に捧げる。

3本の指を顔に添える、あのゴールパフォーマンスだ。

「指を3本立てているのは英字の『W』を意味していて、僕の奥さんと母親はどちらも頭文字が『W』から始まる名前なんだ。プロになって初得点を挙げた18歳のときからこのパフォーマンスをやっているよ。まだ奥さんとは結婚していなかったけれど『私のためにやってくれたのね』と喜び、母親も『あれは私のためのパフォーマンスだったのね』とうれしそうにしていた（笑）。だから僕は常に2点取ることを目指しているんだ。ほかにも大切な人はたくさんいるけれど、僕を一番知っているのはそのふたり。いつもサポートしてもらっている感謝を表現しているんだ」

加入当初は慣れないチーム戦術に戸惑いを隠し切れなかったが、終盤の勢いは誰にも止められなかった。幼少期に自宅から畑への往復で養ったスプリント能力とジャンプ力で横浜F・マリノスのオフェンスをけん引。攻撃だけでなく前線からの守備でも相手をきりきり舞いさせた。

エリキが笑い、ゴールパフォーマンスを炸裂させるたびに、横浜F・マリノスは勝ち点3を積み上げていった。

この街にシャーレを この街に頂点を

第31節・北海道コンサドーレ札幌戦は、エリキの2ゴールや負傷明けながら先発出場した仲川輝人のファインゴールで4対2の完勝を収め、首位のFC東京を勝ち点1差で追走していく。

その舞台となったのは、ニッパツ三ツ沢球技場だった。

2019年は9月に開幕したラグビーW杯開催の影響で、8月末から11月にかけてのホームゲームで日産スタジアムを使用できなかった。

収容率の低い三ツ沢球技場でのホームゲーム開催は、集客など営業的な側面を考えるとクラブとしては心苦しい部分も。

その一方で、ピッチとスタンドの距離の近さは国内屈指。それによって生まれるスタジアムとの一体感が選手のモチベーションにつながるというメリットも存在した。

右サイドバックとしてタッチライン際を疾走する松原健が〝三ツ沢愛〟を語る。

「三ツ沢のスタジアムはピッチと観客席が近くて、ちょっとしたチャンスでも大チャンスのような声援が聞こえてくる。それは選手の耳にもしっかり届いているし、自然とテンションが上がってくる。タッチライン際にいるから特にその効果が大きいのかもしれないけど、自分としては三ツ沢の雰囲気が好き」（松原）

このシーズン、横浜F・マリノスは三ツ沢球技場で開催された5試合のホームゲームを5戦全勝でフィニッシュした。

物理的な距離が選手の背中を押し、勇気づける。ゴール裏に陣取るサポーターの応援は、選手の奮闘によってさらに熱を帯びていった。

優勝争いが現実味を帯びてきた頃、ひとつのチャントがスタジアムによく響いた。シンプルなリズムと特徴的な歌詞のおかげで耳に馴染みのある方も多いだろう。

「この街にシャーレを この街に頂点を」

皆が声を揃えて歌い、手拍子を叩いてリズムを生み、ジャンプで躍動感を表す。リードしている終盤に流れるメロディーは高揚感を誘う。

コールリーダーがチャント誕生の経緯を明かしてくれた。

「このチャントが誕生したのは2017年の開幕戦でした。当時はエリク・モンバエルツ監督体制になって3年目で、その前の2年間は残念ながら優勝争いに手が届きませんでした。クラブは『ＡＣＬ出場権獲得』を目標に掲げていましたが、サポーターとしてはあくまでも優勝を願っていました。だからそういった内容のチャントを発信していこうと思ったんです」

もともとは優勝に王手をかけた状況で臨む２０１３シーズン第33節のアルビレックス新潟戦に向けて「この街に頂点を」というキャッチコピーを使って集客に尽力したことが歌詞のヒントになっている。そこから派生して誕生したチャントは、優勝に向けて突き進むチームの勢いを加速させていった。

２０１７年やポステコグルー監督１年目の２０１８年は、優勝争いをしていない状況でもあえて歌った。横浜Ｆ・マリノスの勝利と優勝を願う彼らなりのサポートと愛情表現である。

その思いを結実させるまで、泣いても笑っても残り3試合。

首位・ＦＣ東京との直接対決も含まれているため、３戦全勝で自力優勝を手にできるところまでこぎつけた。

松本の地でついに首位浮上

11月下旬の松本市は、すっかり冬の装いに包まれていた。遠くに見える南アルプスの山頂は雪に覆われ、平野部でも吐く息は真っ白だ。朝と晩はダウンジャケットがないと外出できない寒さになる。

その日、松本山雅FCと横浜F・マリノスの一戦が行われるサンプロ アルウィンには、アウェイにもかかわらずトリコロールを身にまとったファン・サポーターが大挙して詰めかけた。

早朝から特急『あずさ』はどの時間帯もほぼ満席となり、スタジアム周辺は熱気のあまり季節を忘れて半袖シャツで待機する列が長く伸びた。

ウォーミングアップでピッチに現れた選手を出迎えるゴール裏は、試合前からフルスロットル。そして一斉に同じ文字が書かれたプラカードを掲げた。外国籍選手にもメッセージが届くようにという思いから、ポルトガル語やタイ語、そしてハングルでも同じ意味の横断幕が掲げられた。

「すべてはマリノスのために」ゴール裏には圧巻の光景が広がった。

「すべてはマリノスのために」

感動的な光景を目にした選手たちは、キックオフからハイテンションでゲームに入っていった。

前半2分、仲川輝人がさっそく魅せる。右サイドでボールを受けると、フェイントを入れながらゴール正面へ。前後左右から迫りくるDFのタイミングを外した左足シュートがゴール左隅に決まり、早い時間帯での先制に成功した。

残りの時間は松本山雅の堅い守備を崩せず、焦れる展開を余儀なくされた。後半11分にCKから決定機を許したが、ここは畠中槙之輔が体を張って事なきを得た。シュート数10対4という数字を切り取れば試合を優勢に進めていたのは明らかでも、相手の粘りに手を焼いた印象が強い。最後まで自分たち本来のアタッキングフットボールを発揮できたとは言い難いが、最少得点差でも勝ち切ったことに価値がある。

他会場では、ライバルのFC東京と鹿島アントラーズがそれぞれ勝ち切れず引き分けに終わった。

第32節を終え、横浜F・マリノスが今シーズン初めて首位に浮上した。

追われる立場になっても横浜F・マリノスは変わらなかった

人間は弱い生き物だ。失うものができた途端、気持ちが守りに入ってもおかしくない。首位に立って臨む川崎フロンターレとのアウェイゲームは、他会場の結果次第で優勝が決まる大一番に。

前節までと状況が一変し、追いかける立場から追われる立場になった。突如として練習グラウンドには各種メディアが集結し、こぞって横浜F・マリノスの話題を取り上げた。それだけでなく王手がかかった一戦なのだから、少なからず心理面への影響はあるだろう。

その過程をつぶさに観察してきた小倉勉スポーティングダイレクターは、しかし過度に心配することなく試合の日を迎えていた。

「セオリーとしては追われる立場のほうが難しい。首位に立った瞬間、それまでなかったプレッシャーがかかるものだから。ただ、今年のチームに関してはあまり心配していなかった。監督は状況や対戦相手にかかわらず、ずっと同じことを言い続けてきた。そして選手たちは目の前の1試合ずつを大事に戦うことだけを考えていた。だから順位が3位でも2位でも1位でも、パフォーマンスはまったく変わらないと思っていたし、実際に変わらなかった」

2年連続Jリーグチャンピオンの川崎フロンターレを相手に、真っ向からぶつかって勝利する。

それを唯一無二のテーマに掲げ、一戦必勝でキックオフのときを迎えた。

ゴールショーの口火を切ったのは仲川輝人だ。前半8分、左サイドを抜け出したマテウスのクロスを押しこんでシーズン15点目。相手の守備陣が戻り切れない電光石火のカウンター弾で試合の流れを大きく手繰り寄せる。

後半4分には松原健の美しいスルーパスからエリキが決めて追加点。さらに後半24分には仲川のクロスをエリキが巧みに合わせてリードを広げる。その後、1点を返された後半44分にエリキが相手陣地でボールを奪って独走。最後はプレゼントパスを受けた遠藤渓太がきっちり決めた。

ここ数年、幾度となく苦杯をなめてきた相手を、アウェイの地で4対1と粉砕。特筆すべきは戦いに臨む姿勢で、あくまでも追加点を狙って攻めた。その末の4得点であり、みなぎる自信を大きな力に変えて、トリコロールの勢いはさらに増していく。

重要な一戦を制した。しかしキャプテン喜田拓也はいたって冷静に、そして静かに闘志を燃やして1週間後を見据えた。

「目の前のフロンターレに勝つことだけをとにかく考えて、そこに向けた準備をしっかりやって、みんなの頑張りで勝てた。僕としてはトップチームに昇格してから6年、クラブとしては前回優勝した2004年から15年が経過した。ここまで長かったし、優勝を狙うチャンスもあまりなかった。今年、そのチャンスを自分たちの力で作り上げてきた。ただ、まだ何も決まっていない。満足している人や喜んでいる人はいない。次もFC東京に勝つことだけに力を注いでいきたい」

FC東京が引き分けたため、直接対決となる最終戦は引き分け以上で文句なし、仮に敗れたとしても3点差までなら横浜F・マリノスが優勝という条件で迎えられる。

歓喜の瞬間は刻一刻と迫っていた。

紆余曲折を経て届いた日本代表入りの吉報

「最後の最後は、オレがヒーローになりますよ」

遠藤渓太は不敵に笑い、そう言い放った。

ただの大言壮語ではなく、もちろん根拠はあった。自分のパフォーマンスと調子が上がっていることを強く実感していたのだ。

シーズン初ゴールこそ7月13日の浦和レッズ戦まで待たなければならなかったが、それ以降はコンスタントに得点を積み上げていく。ワンタッチゴーラーとしての才能に目覚め、ゴール前での嗅覚を磨いていった。

自信は数字として表れ、最終戦を迎える時点でキャリアハイの6ゴール。目に見える結果が出ることで余裕が生まれたのか、味方にチャンスをお膳立てするプレーにも磨きがかかり、7アシストを記録していた。

しかし右肩上がりを描くパフォーマンスと反比例し、8月以降は出場時間が限られていった。

フロントは夏の移籍ウインドーで、名古屋グランパスからマテウスを期限付き移籍で獲得。抜群の突破力と強烈なシュートを武器とするブラジル人アタッカーがライバルとして立ちはだかった。

そのマテウスはリーグ戦への選手登録が完了すると、さっそく左ウイングの先発の座に収まる。遠藤は初ゴールを挙げて上げ潮状態にもかかわらずベンチスタートにとどまり、交代カードの1番手に甘んじていた。

そんな折、アクシデントにも見舞われた。U-22日本代表招集を小さな負傷で辞退せざるをえなくなり、持っている力を発揮する実戦機会に恵まれない。軽傷のため本人はプレーできると主張しても、クラブとしては代表活動中にコンディションを悪化させる事態だけは避けたい。

そんな思惑と葛藤に苛まれ、遠藤の気持ちはなかなか晴れなかった。

第30節のサガン鳥栖戦では仲川輝人の負傷をうけ、右ウイングとして4試合ぶりに先発。豪快なダイレクトシュートで先制ゴールを挙げる活躍を見せた。

しかし次の試合ではベンチスタートに逆戻り。深まる自信と相反してなかなか認めてもらえない現状に、フラストレーションが募っていった。

川崎フロンターレ戦でもダメ押しとなる4点目を決めたが、もはや序列が入れ替わる可能性は低い。ならば自分はいつ何時チャンスがやってきても、しっかり結果を残せるように準備するのみ。必死に気持ちを切り替え、優勝目前に迫ったチームのために振る舞おうとエゴを抑えた。

その矢先、思いもよらぬ形で吉報が届く。

運命の最終戦3日前、遠藤は12月のE－1選手権に臨む日本代表に初選出された。国内組のみで構成され、さらに自身がそうであるように五輪世代の選手を多く含むメンバーとはいえ、日の丸を背負って戦うことに変わりはない。

普段よりも引き締まった表情が、責任の重さを物語っていた。

「どんな状況と大会だとしても日本代表というプライドを持って戦う。甘えは通じないし、行っただけで終わるつもりもない。結果にこだわって、何か爪痕を残して帰ってきたい。ＦＣ東京戦でも必ずチャンスはやってくる。それを信じて、最高の準備をして待ちたい。チームのために、いまできることを全力でやる」

過程段階での悔しい思いは一時封印する。

こうして新たなモチベーションを得た背番号11は最終決戦に臨んでいった。

大津祐樹と扇原貴宏は仲間を信じた そして――

迎えた大一番、ふたりの中心選手がスタンド席から見守っていた。

大津祐樹と扇原貴宏。

異なるキャラクターと役割でチームを盛り立ててきた主力だ。

大津祐樹は、前節の川崎フロンターレ戦で左太もも裏を痛めて交代。3週間前の北海道コンサドーレ札幌戦で肋骨を骨折し、以降は痛み止めの薬を飲みながらトレーニングと試合出場を続けてきた。

知らずしらずのうちに患部をかばい、体のバランスが崩れていたのかもしれない。その影響で筋肉系の故障が起きるのは珍しいことではなく、本人に後悔の念はない。

「優勝が現実味を帯びてきたタイミングで負傷してしまったことは本当に悔しい。もちろんショックだった。でも、そこまで胸に引っかかるものはなかった。それまでの長いシーズンでやれることはやってきたし、全員でひとつのチームだから」

ピッチに立ってプレーするのか。スタンドから勝利を祈るのか。

大きく違うように思えるが、大津にとっては大差ない。フォア・ザ・チームを体現する姿勢は最後の最後まで変わらなかった。

もうひとりの扇原貴宏は、累積による出場停止でピッチに立てなかった。

喜田拓也や天野純とともにキャプテンの重責を担い、チームを引っ張ってきた。サッカーに対して常に真摯に取り組む姿勢を後輩選手たちが見習い、ひとつの目標に向かって進む集団を作った中心選手だ。

川崎フロンターレ戦で受けた警告は、自身のトラップミスが原因だった。ミスを取り返そうとしたプレーがファウルとなり、イエローカードを提示された。

でも扇原は下を向くことなく、何も変わらずにプレーし続けた。最終戦のことなど微塵も考えずに、目の前の試合を勝つだけだった。

最終戦前の練習も、本当に何も変わらなかった。ランニングは普段通りに列の先頭を走り、戦術練習では控え組だとしても懸命に走り、チームのために身を粉にして働いた。

「ビッグマッチに出られないのは悔しいけど、いままでも自分が出ていない、出られない試合はあった。信頼して任せられる仲間がいるし、信じている」

思い返せば開幕戦もベンチスタートだった。だが扇原は愚痴ひとつこぼさず、日々の練習で精いっぱいを尽くし、そしてチャンスをつかんだ。

だから胸を張ってバトンを和田拓也に託す。

そして仲間は立ち上がりから最高のプレーを見せてくれた。

朴一圭がファインセーブでピンチを防ぎ、ティーラトンが迷いのないシュートで貴重な先制点を叩き出す。エリキは落ち着いたフィニッシュでスタジアムに笑顔の花を咲かせた。

さらに、ふたりにとって公私ともに弟分のような存在の遠藤渓太が、これまでの鬱憤を晴らすかのようなダメ押し点を決める。

退場処分になった朴がロッカーへ引き上げたときも、真っ先に出迎えてくれたのは大津と扇原だった。

「ふたりは負傷や累積で試合に出られない悔しさがある。それなのに自分のミスで退場した自分が落ち込むのは間違っていると思った。一番悔しいはずのふたりが笑顔でみん

なを励ましてくれていた。だから自分も胸を張って前を向くと決めた」（朴）

ベンチメンバー全員で肩を組み、大きな声でファン・サポーターと一緒にチャントを歌い、優勝の瞬間を迎える。

ラスト11試合を10勝1分で駆け抜け、15年ぶりのリーグ優勝を成し遂げた。

MVP仲川輝人を支えたひとりのスカウト

12月8日、東京都内のホテルにて――。

2019Jリーグアウォーズが開催され、優勝した横浜F・マリノスはチームと個人で数多くの勲章を手にした。

仲川輝人はMVP&得点王&ベストイレブンの個人3冠に輝いた。

15ゴール9アシストと八面六臂の働きでアタッキングフットボールをけん引。精神面での成長も著しく、緩んだ空気を引き締めるように活を入れるシーンは、かつてのマイペースな仲川からは想像できなかった。

チームの勝利のために全力を捧げる。そのためならば得点へのエゴよりも、確率が高い選択肢を優先した。自身が獲得したPKはすべてチームメイトのマルコス・ジュニオールやエジガル・ジュニオに譲り、マルコスとともに同点でトップスコアラーに。

「感謝の気持ちでいっぱいです」

優勝の直後も、個人賞獲得後も、仲川はそう繰り返した。

自分の力だけではここまでたどり着けなかった。多くの人の支えがあって、初めて日の目を見ることができた。それを自覚しているからこそ、感謝の気持ちを忘れることはない。

仲川が初めて横浜F・マリノスの練習に参加したのは、大学2年生から3年生に進級する直前に行われた2013年2月の宮崎キャンプだった。

1学年先輩の長澤和輝とともにプロに混ざってプレーすると、圧倒的なスピードとキレ、そして得点能力で見る者の目を奪っていく。栗原勇蔵は「テル（仲川輝人）は最初からずば抜けた能力を持っていた。こんな大学生がいるのかと驚いた」と目を丸くした記憶を話してくれた。

所属する専修大学では1年次からレギュラーを張り、数々のタイトル獲得に貢献。長澤をはじめとする、のちにJリーガーとなる選手たちとともに、黄金時代を築き上げた。

そんな大学屈指のアタッカーを、Ｊクラブが放っておくはずがない。浦和レッズ、川崎フロンターレ、清水エスパルス、ジェフユナイテッド市原・千葉…。獲得に名乗りを上げたクラブを数えればキリがない。

その選手にひと目で惚れた人物が、当時スカウトを担当していた公文裕明だ。

「当時は1学年上の長澤和輝とテルのふたりを同時に注目していました。テルは当時から右ウイングで、キレキレでした。1年生のときから、ドリブルもシュートも大学屈指の存在。攻守の切り替えも早く、守備もしっかりできる。これは必ずマリノスに合うと考え、大学3年生になった時点で獲得を目指す方針をクラブとして固めていました」

公文は足しげく専修大学の練習グラウンドに通った。

朝5時過ぎに起床し、6時には家を出発。7時から始まる練習前に到着する。真夏も、真冬も、雨の日も。それを3年近く続けた。

名門クラブのスカウト担当が熱心にアプローチしてくれる姿は、仲川の記憶にも鮮明に残っていた。

「公文さんとは大学1年の終わり頃からコミュニケーションを取っていました。いつも大学のグラウンドに来てくれて、朝7時からの朝練習のときは7時前に来てくれて。自分への熱量はほかのスカウトとはひと味違ったと思います。キャンプに参加させてもらったこともそうですし、普段はあまり表に出さない熱を感じました。うわべではなく、本当に自分を必要としてくれているところに心を打たれました」

公文はどちらかといえば口下手で、お世辞や調子のいい台詞が次々と出てくるタイプではない。地道な努力で熱を訴えることはしても、ファウルすれすれの手段を使おうとはしない。いや、できないタイプの人間だ。仲川がマイペースな性格なのもあり、獲得の可能性について当時は「手ごたえがまったくわからなかった」（公文）

各クラブが仲川争奪戦に本腰を入れ、熱を帯びてきていた。

プロ入り目前の悲劇と横浜F・マリノスへの感謝

Jリーガーになるという道筋が明確に描けてきたこの頃、サッカー人生を左右しかねない悲劇が仲川を襲う。

関東大学リーグの試合で右膝前十字靱帯損傷の大怪我を負ってしまった。復帰に半年以上もかかる重傷だ。

その試合、公文は別件の仕事で試合会場にいなかった。しかし代わりに追跡していたスタッフからすぐさま連絡を受け、普段は寡黙な男が動いた。

「すぐに下條さん（当時のチーム統括本部長）と話しました。まずオファーをやめるつもりはないという確認。その後、怪我のリハビリや手術についてクラブとして責任を持って面倒を見ようと。それでテルの自宅に行って、その意思を伝えました。それまでの付き合いで性格はわかっていましたし、大怪我から復帰して活躍できる精神的な強さもある選手だと確信していました」

本人から「お世話になります」と連絡が届いたのは翌週だった。

しかし公文は、それをほとんど覚えていない。獲得に失敗したケースは忘れたくても忘れられない。反対に、成就したケースは安堵の気持ちが強く、記憶が曖昧になる。

腫れが引くのを待ち、チームドクターが勤める病院で手術を行った。リハビリ時には自宅から病院への送り迎えを担当し、静かにコミュニケーションを取っていく。

現役時代、ベルマーレ平塚や横浜ＦＣで活躍した公文は、高校時代に怪我で約1年半を棒に振った経験を持つ。それまで第一線でプレーしてきた選手が、長い時間ピッチに立てない苦しみは痛いほど理解している。

自信を失わせてはいけない。焦らず段階を踏んでいけば、必ず復活できる。自らに言い聞かせるようにして公文は仲川を懸命にサポートした。

翌年9月にプロデビューを果たし、実戦復帰した。しかし、その後はなかなか出場機会を確保できず、右肩上がりのストーリーを描けたわけではない。

２０１６年夏にはＦＣ町田ゼルビアへ、２０１７年夏にはアビスパ福岡へ期限付き移籍したが、２０１８年に復帰してからも最初の数ヵ月はリーグ戦のベンチメンバーにも入れない苦悶の日々が続いた。

ようやく先発出場の機会を得た4月18日のＹＢＣルヴァンカップグループステージのＦＣ東京戦で、仲川は伊藤翔の得点をアシストするなど存在感を発揮。このパフォーマンスを見たアンジェ・ポステコグルー監督は次第にリーグ戦でも起用するようになっていった。

その試合のスタンドには、２０１８年から松本山雅ＦＣのスカウト担当に転身した公文の姿があった。

「自分が関わった選手が結果を出してくれるのはうれしいこと。決断して動いたことは間違いではなかった。スカウト冥利に尽きますね」

仲川輝人は自分を支えてくれた人への感謝を込めてプレーする。

そう話して目を細めていた。

横浜F・マリノスの一員として優勝したのち、仲川は一通のメッセージを公文に送っている。短い言葉のなかにも、彼なりの気持ちが込められていた。

「努力が報われたと思っています。感謝しています。声をかけてくれたおかげです」

ようやくチームの力になれた。

ようやく恩返しできた。

だから仲川は何度も何度も、感謝というフレーズを口にする。

自分を支えてくれた人のために。

第3章

革命家
アンジェ・ポステコグルーの正体

ボスは多くを語らない

2018年1月、アンジェ・ポステコグルーは日本にやってきた。オーストラリア代表監督としてロシアW杯アジア地区最終予選を埼玉スタジアム2002で戦った経歴があるので、2度目の来日だった。

横浜F・マリノスというクラブチームを率いるオファーに魅力を感じた。

「クラブフットボールのメリットは、毎日同じ選手やスタッフと過ごせる点にある。私はフットボールを愛しているので、その日々が楽しみだ」

日産グローバル本社内で行われた新体制発表会後の監督就任記者会見では、まずまず饒舌だった。壇上から威厳を発しつつも、かといって寡黙な印象は与えない。むしろチームビルディングの哲学を周囲に伝えようと、多くを発信する雰囲気さえあった。

数日後には新チームが始動し、すぐさま石垣島での一次キャンプに突入。公私両面で生活を共有する大切な時間が始まった。

すると指揮官は、次第に喋らなくなっていった。

「いまはチームと選手を観察している」

練習中はグラウンド中央付近に立ち、選手たちの様子をじっと見つめる。細かく指示を出すどころか、言葉を発することすらレアケースになった。

トレーニングはピーター・クラモフスキーヘッドコーチ以下、コーチ陣に各セクションを託す。自身が指導したのは全プログラムのなかで2〜3回だけだった。

「ウチには優秀なコーチやスタッフがいる」

マネージャーとして全体を統括する立場に徹し、部下を信頼するだけでなく、責任を与えた。

加えて、選手個々と接触することを極力避けた。そのため新監督就任当初にありがちな個別面談などは一切行わない。監督は静かに選手を観察した。

一方の選手は監督の顔色をうかがっているように見えた。律儀な日本人らしく、話しかけてもらうのを待っていたのかもしれない。

しかし待てど暮らせど、監督から声はかからない。あまりにも理想からかけ離れたプレーにはストップの大きな声がかかるものの、それ以外は必要最低限のコミュニケーションしか取らない。

「私は監督として判断しなければいけない。だから特定の選手と密な関係を持つことはしたくない。全員をリスペクトしているし、全員を見ている。だからこそ距離を取っている」

選手がその考えを理解するのに、多少の時間が必要だった。

そんななかで経験豊富な中澤佑二は努めて冷静に言った。

「いままでやってきたことの積み上げがあるなかで、監督が代わって新しいものを作っていこうとしている。そのためにグラウンドの中と外の両方で変化があって、いまは一生懸命取り組んでいる段階。最初からネガティブに考えるのではなく、『まずやってみる』という姿勢が大切になる。いままでの殻を破って、新しい自分を作っていきたい」

もうすぐ40歳になる状況にあった大ベテランには、大事にしているルーティーンや哲学があった。砕いた表現を用いるならば「自分のペース」があったわけだ。

だが、まずは新監督とともに前を向いた。影響力の大きい自分がそうすることで、チーム全体を同じ方向に進めたいという思いがあった。そのために不慣れなハイラインディフェンスを率先して行い、新しいスタイルにチャレンジしていく。

しばらくして中澤がキャプテンを任されたのは必然だった。

監督は選手やスタッフに多くを語らないのだから、メディアに軽口を叩くはずがない。

試合後の記者会見では質問を巧みにかわし、日々の練習後の囲み取材でも決して真意は語らなかった。

言葉や活字を生業にしている立場としては、非常にもどかしい日々が始まった。

特に、前任者のエリク・モンバエルツは番記者に対して「コーチと呼んでほしい」と申し出るような〝教師タイプ〟の指導者だった。些細な疑問にもていねいに答え、持っている知識を積極的に授けようとした。

対して、ポステコグルーは堅いガードを崩さない。人と一定の距離を置き、決して戯れない。就任2年目からは毎日の囲み取材もなくなり、コミュニケーションの機会は試合前日などに限られていった。

すべてはグラウンド上のパフォーマンスと結果で示す。そんな信念が見え隠れした。

選手とスタッフは、彼をこう呼んだ。

「ボス」

ポステコグルーのジャージの裾には「BOSS」という英字が刻まれた。

「チームメイトという枠を超えて家族になる」

指揮官はピッチ内外で規律を重んじた。

就任1年目も、優勝して迎えている3年目のいまも、練習開始前は全選手、全スタッフが監督と握手をして始まる。互いに目を見てあいさつをかわし、新しい1日がスタートしていく。

規律の基本は、団体行動だ。

さらに、チームはひとつのファミリーであることを強調した。

ポステコグルー監督就任前、横浜F・マリノスのプレシーズンキャンプでは、全員が揃って食事をするのは夜だけだった。朝食と昼食は決められた時間の範囲内で、個々のペースで食事会場を出入りしていた。練習前後の個人練習やメンテナンスに割く時間は選手個々で異なるという理由や意図があった。

その文化が一変する。ボスはすべての食事を全員でスタートすることを徹底した。そしてファミリーのなかで「子ども」にあたる選手たちからビュッフェ形式の食事をスタートさせ、「父親」である自分は子どもを見守ってから最後に席を立つ。

食事会場の席割りは、特定の選手が毎回固まらないように毎日シャッフルすることを指示する。ベテランから若手、あるいは外国籍選手など多くの仲間と均等にコミュニケーションを取り、関係を深める狙いがあった。

宿舎から練習グラウンドへの移動も、全員が揃っての行動に変わった。

以前は早く出発する第1便と、休息など自分のペースを優先する第2便に分けていたが、現体制になってからは1台のバスに全員が乗車することに。そのため〝早出〟で自主練習するのは不可能となり、全体練習終了後の居残り練習もバス出発の時間が決められるためほとんどできない。

全員揃っての食事や移動は練習以外のフリータイムも圧迫する。変更当初は窮屈に感じる選手も多くいた。頭と体が慣れるには相応の時間が必要で、しばらくはフラストレーションの溜まるキャンプ生活だったかもしれない。

しかし、そんなことは百も承知のうえで、指揮官はチームに規律を植え付け、ファミリーの重要性を説いた。

「チームメイトという枠を超えて家族になれば、その人のために戦うという感情が生まれてくる。だからこそファミリーになる意識が必要だ。ファミリーだからこそミスを許せる場面もあるし、かといってファミリーだから必ず近くにいればいいというわけでもない。選手と距離を取るのは自分のコーチングスタイルであって、あくまで彼らのためにそういった方法を選んでいる」

厳しさと、表に出さない愛情でチームを作っていく。

その思考は、アンジェ・ポステコグルーが生まれ育ったルーツに起因している。

サッカーを愛する父親は厳しく、褒めなかった

ギリシャの首都・アテネで生まれたアンジェ・ポステコグルーは、5歳のときにオーストラリアのメルボルンへ移住した。

1967年に勃発したクーデターによって軍事政権となったギリシャは、瞬く間に経済も大混乱に陥った。

家具職人だった父親は一夜にして職を失う。一家は船に乗り、約30日かけて地球の反対側へ向かった。移住である。

身寄りがあるわけではない。何も知らない、誰も知らない土地で、父親のジムは懸命に働き、家族を支えた。朝は子どもが目覚める前に出発し、夜は全員が寝静まった頃にようやく帰路に就く。

アンジェにとって、仕事に精を出す父親との幸せな記憶は週末のサッカー観戦に限られた。

「父はサッカーというスポーツを愛していたし、だから自分にもサッカーをやらせたと思う。父と自分が一緒に過ごせる時間はサッカーを見に行くときだけだった。それ以外は話す機会もあまりなかったんだ」

ギリシャにルーツがあることを忘れさせないために、父親は息子にサッカーを与えた。言語や文化を飛び越えて仲間を作るツールとして、そして自身との共通の話題を作る意味もあったかもしれない。

父親は攻撃的でエキサイティングなサッカーを好んだ。

「この選手を見ろ。このサッカーを見ろ。ワクワクするだろう?」

アンジェは普段あまり見ることのない笑顔で話しかけられるのがうれしかった。

しかしサッカーチームの一員になってからの実際のプレーについては普段と同じでと

ても厳しく、ほとんど褒められた記憶がない。

「もっとできるだろう?」「もっと点を取れたはずだ」

現状に満足せず、さらに向上できるはず。いつもそう訴えかけられた。

それはアンジェが監督業に就いてからも変わらなかった。

2018年に他界した父親が最後に見た試合は、横浜F・マリノスが8対2でベガルタ仙台に勝利した試合だった。圧巻のゴールショーにファン・サポーターは酔いしれ、アンジェも力強いガッツポーズを繰り返した。

その直後、83歳の父親の容体が悪化したため、アンジェは緊急帰国。父親は笑顔で息子にこう話しかけた。

「ワクワクするような試合を見られた。ゴールもたくさん見られた。そこに自分の息子が監督として居た。うれしかった。見せてくれてありがとう」

あまり褒めない父親が、珍しく息子を褒めた。

だが、最後はこう言われた。

「でも10点取れただろう」

父親は最後まで父親らしく、より高みを求めた。

だからアンジェ・ポステコグルーはチームに、選手に、そしてメディアに繰り返し伝えていく。

「すべてを向上させたい。もっと成長していきたい」と。

アタッキングフットボールを信じる男

信じる——。

言葉にするのは簡単でも、これがなかなか難しい。

自信よりも不安が大きくなってしまう場面は誰しもあるし、目の前の事象に対して懐疑的になってしまう人間は身近にも多くいるのではないか。

ポステコグルー監督は就任以来、「信じる」というフレーズを頻繁に用いてチームを作ってきた。結果を出せずに苦労した1年目も、優勝という成功を手にした2年目も、そして3年目の指揮となる今年も、まったく変わっていない。

この人は不安にならないのか？

「私はこのサッカーを貫いて、これまでずっと成功を収めてきた。いまのやり方が成功

普段は物静かなポステコグルー監督だが激昂する場面もある。

に最も近い方法であることを知っている。だから不安にはならない。スタイルを変えるほうが不安になってしまうだろう」

成功しか知らない。だから迷わない。

これまでの歩みが自身のスタイルを後押しする確固たる材料になっている。

横浜F・マリノスの選手として、あるいは日本代表の一員として数々の監督の下でプレーしてきた栗原勇蔵も、ポステコグルー監督の神通力にはお手上げだ。

「ポステコグルー監督は言葉から入った。就任して最初に『自分は優勝以外の経験がない』とミーティングで言ってのけた。選手にとっては半信半疑からのスタートだったし、1年目は結果が出なかった。でも2

年目は有言実行で本当にチャンピオンに導いた。サッカーの世界に限らず、これができる人はなかなかいない。マリノスは２００４年以来、優勝していなかったわけで、毎年優勝するような圧倒的な力を持っていたわけではない。そのチームを本当に優勝させた」

アタッキングフットボールを貫き、横浜F・マリノスは15年ぶりに頂点に立った。

途中、戦術面での細かなマイナーチェンジこそあったが、ボールを持って主導権を握り、ゲームを支配するという狙いの根本は変わらない。

連勝しているときも、連敗しているときも、選手たちは迷わなくなった。

ポステコグルーは堂々と胸を張る。

「自分は、選手のせいにしたことが一度もない。責任は自分が取ればいい。だから信じてついてきてほしいと言い続けた。１年目は残留争いをして結果を出せなかったが、タフな時間を過ごしたなかでも、選手たちは信じてついてきてくれた。私だけが信じても意味がない。結果が出ないことで自分の地位を守るためにやり方を変える人もいるが、私は変えないで貫いた」

責任転嫁しない。保身に走らない。信じてほしいと訴え続ける。

信じる力の尊さは、２年目の優勝によって実証された。

感情表現を豊かにする理由

決して口数が多い人ではない。本人が「私は人と距離を保つ。すべての人を尊重しているし、フェアに接している」と明言しているとおりだ。かといって常に穏やかで温厚なタイプでもなく、大きなジェスチャーとともに激昂するシーンをしばしば見かける。

特に試合中はテクニカルエリアのラインぎりぎりまで飛び出し、求めているプレーと異なるときは大きな声を張り上げ、一緒に戦う。松崎裕通訳が一歩引いた位置にいるのは、「ずっと近くにいなくていい」と命じられているからで、常に指示を出すつもりで最前線にいるわけではないのだろう。

ハーフタイムのロッカールームに怒号が響き渡ったのは一度や二度ではない。試合2日後の振り返りミーティングでは、映像で課題シーンを指摘。ここでも強めの口調で修正と改善を促していく。

「人なので感情はあるし、喜怒哀楽もある。でも見られ方を意識することもある。人格を無理に変えているというわけではないが、家族や友人と接しているときとまったく同じということはない」

監督としての立ち居振る舞いが周囲に与える影響力の大きさを理解している。だから、あえて監督という職業を演じている側面もある。

日本人コーチという立場で入閣し、監督をサポートしている松橋力蔵コーチはポステコグルー監督をこんな言葉で表現する。

「とても人間らしい人です。喜怒哀楽がはっきりしていて、楽しければ笑うし、面白くなければ何も面白くないと言う。わかりやすく一喜一憂します」

現場の最高責任者たるもの、単調ではいけない。

オンとオフ、静と動を駆使していく。

分析を生業にしている杉崎健アナリストは、指揮官をこう分析した。

「普段は物静かな人ですが、まるで風林火山のような人です。声のトーンや表情も含めて、それを使い分けていると思います。それから監督に就任した直後、コーチングスタッフの部屋に入ってすぐに掃除と整理整頓を命じたんです。そういった繊細な部分も持ち合わせています」

一言で言い表すのが難しいところこそ、この人の魅力かもしれない。

そして指揮官は選手に自主性を強く求める。

練習中も試合中も、自ら答えを述べるケースはほとんどない。例えば途中出場した選手に聞いても「指示は特になかったです」と答える場合が大半。ポジションの指示はあっても、その後のプレーについてもあえて細かく話さない。メディアに出せない企業秘密というよりも、本当に細かい指示は出していない。

だから答えすべてを求めてはいけない。

プレーするのは選手だ。試合中、監督が代わりにプレーすることはできない。指示を出しても、異なる局面に出くわすかもしれない。

だから答えを待つのではなく、選手自身が考えて行動しなければいけない。

就任当初、日本人の性格や考え方について、こんな見解を示していた。

「ピッチ外での日本人はとても礼儀正しくて、美しい。でも、ピッチ内ではもっとアピールして、自分を出して、表現力豊かにならなければいけない。ただし、それは監督の仕事でもある。選手のポテンシャルを引き出すことも監督の大きな仕事だ」

ボスの思考が少しずつ明らかになってきた。

3つのデバイスで同時に試合動画を再生!?

ポステコグルー監督はサッカーに対して飽くなき情熱を注ぐ。

長期オフにはオーストラリアへ帰国し、家族とのんびり時間を過ごした。たまのオフには奥さんとふたりで映画鑑賞する日もあるという。

だがシーズン中のほとんどは、頭のなかをサッカーが支配している。考えないようにしても、自然と試合シーンが蘇ってくる。

「横浜F・マリノスが戦ったすべての試合のディテールを覚えている」と豪語する自信があるのは、それだけの時間を割いているからだ。

チャンピオンになっても、何歳になっても、成長できると信じている。それはまさしく父親からの教えであり、いまでは自らの信念になっている。

とにかく時間さえあれば、現代サッカーのトレンドを吸収するために労を惜しまず、サッカーと向き合う。

例えば、バスでの移動中。ボスは最前列のふたり席が定位置で、ひとりでゆったり座るのが通例だ。

最前列は2列目以降よりもスペースが広い。いつもノートパソコンを持参し、その横にはこちらも自前のｉＰａｄを置く。異なる試合動画を同時に映し出し、さらに自身のスマートフォンを開き、手元でまた別のゲームを再生する。

驚異の３つのデバイス同時再生だ。すべてを目で追えるのかはさておき、それだけでも研究熱心なことがうかがい知れるというものだろう。

チーム統括本部の小倉勉スポーティングダイレクターはこのように証言する。

「アンジェは世界のサッカーをよく見ている。ＵＥＦＡチャンピオンズリーグはリアルタイムで夜中に見ていると思う。こちらもしっかり確認しておかないと、次の日に共通の話題で話せなくなってしまう」

攻撃的でアグレッシブという根底を成すスタイルは一生変わらなくても、細かい変化や時代の潮流に敏感だ。良いと思ったものはすぐさま取り入れる。

内容をより良くするためには、自身のサッカー知識やサッカー脳のアップデートが欠かせない。

そのために体得した特殊能力だとしたら、やはり只者ではない。

横浜F·マリノス これまでの軌跡

1972 / 4.1

日産自動車サッカー部が誕生

1972年4月1日、横浜マリノスの前身である日産自動車サッカー部が誕生。ここから、トリコロールの歴史は紡がれていくことに。

1993 / 5.15

Jリーグ開幕
マリノス対ヴェルディ

1993年5月15日、Jリーグの歴史は横浜マリノス対ヴェルディ川崎の一戦から始まった。試合は2対1でマリノスが逆転勝利を収めた。

1995

サントリーシリーズ優勝、そしてチャンピオンシップ制覇

サントリーシリーズ優勝、そしてJリーグチャンピオンシップを制し、記念すべきリーグ初優勝を飾る。井原正巳、川口能活、松田直樹ら守備陣が堅守を体現した。

2003

Jリーグ完全優勝

岡田武史監督のもと、Jリーグチャンピオンとなる。1stステージ、2ndステージともに制し、完全優勝を成し遂げた。

2004

2004年優勝

1stステージを制し、Jリーグチャンピオンシップに進出。浦和レッズをPK戦の末に破り、2年連続の年間王者に輝いた。

2010

中村俊輔復帰

中村俊輔が 約7年半ぶりにチームに復帰。同じ年に監督に就任したクラブのレジェンドである木村和司とともに、トリコロールの歴史を彩った。

2013

最終節で優勝を逃す

2004年以来、9年ぶりのリーグ優勝へあと一歩に迫るも、終盤の失速が響いて無念のリーグ2位で終わる。

2013

天皇杯優勝

第93回 天皇杯決勝はサンフレッチェ広島と対戦。前半に挙げた2点を守りきり、7度目の優勝(日産時代を含む)となった。

2018

ポステコグルー政権1年目

産みの苦しみを味わったポステコグルー監督1年目のシーズン。12位で辛くも残留を果たした。

2018

中澤佑二引退

トリコロールの最終ラインに君臨し続けた中澤佑二が2018シーズンをもって引退。20年の現役生活に幕を下ろした。

2019

栗原勇蔵引退

育成組織から含めて計24年間を横浜F・マリノスで過ごした栗原勇蔵が2019シーズン限りで引退。2020シーズンからは「クラブシップ・キャプテン」に就任。

2019

サポーターに優勝報告

15年ぶりのJリーグチャンピオンに輝く。その翌日、ファン・サポーターと喜びを分かち合った。

2020～

新シーズンも
アタッキングフットボールを

ポステコグルー監督の掲げるアタッキングフットボールをさらに進化させるべく、新たなメンバーを加える。Jリーグ、さらにはアジア制覇を目指すトリコロールの変革は、まだ航海の途中だ。

ボスを支えた右腕

ここで登場するのは監督の〝右腕〟として働いてきた優秀なヘッドコーチだ。

2019シーズンまでヘッドコーチを務めていたピーター・クラモフスキーとアンジェ・ポステコグルーの出会いは2004年までさかのぼる。

年齢もキャリアもまったく違うふたりの指導者は、U-17オーストラリア代表のスタッフとして知り合った。しかし、それをきっかけに多くの局面で同じチームのスタッフとして共闘する関係に発展していった。

クラモフスキーは運命の日を、まるで昨日のことのように覚えていた。いままで感じたことのない高揚感に包まれた記憶を、興奮気味に話す。

「とてもファンタスティックな出会いだった。(ポステコグルー監督の)存在は知っていたが、実際に会うのは初めてだった。彼の話を聞けば聞くほど、血管に詰まっていた血液が全身に流れていくような感覚に陥った。『これだ』と思った。その後、違う指導者と一緒に仕事をしても『違うんだ』という気持ちになってしまうのだから」

現役時代、ゴールを決めることしか考えていないFWだったクラモフスキーは、指導者になってからも攻撃的なサッカーを志向した。

出会うべくして出会ったポステコグルーは、当時からアタッキングフットボールを提唱。アグレッシブでエモーショナルな攻撃サッカーを展開していた。

指導論やマネジメント方法に感銘を受けたクラモフスキーは、師と仰ぐポステコグルーから多くのものを吸収していく。

「最初はたくさん話をした。そして自分は赤ちゃんのようにお腹をすかせて、ボスの考えを自分のなかに取り込んでいった。サッカーに関しては、いまとまったく同じだ。新たな要素を加えながらいまの形になっているが、基本的なスタイルは変わっていない。彼は自分にとってのボスだ。彼は生粋のリーダーなんだ。創造性があって、成功を収めるためのビジョンを持っている」

2008年からはギリシャのパナハイキFCで、2012年からはオーストラリアのメルボルン・ビクトリーFCで、それぞれ監督とアシスタントコーチを務めた。オーストラリア代表でもタッグを組み、2015年AFCアジアカップ優勝や2018年ロシアW杯出場に貢献した。

監督とヘッドコーチは、二人三脚でアタッキングフットボールを作り上げてきた。

横浜F・マリノスでヘッドコーチを務めた2年間、練習内容やスケジュールを管理したのはほかの誰でもない、クラモフスキーその人だった。最終的に決めるのは監督の役目でも、その叩き台を作り、提案するのはヘッドコーチの仕事だった。

ポステコグルーは同じサッカーを脳内で共有しているクラモフスキーをパートナーとして信頼し、二人三脚でお互いを高め合ってきた。言語の壁という障害がないという理由もあるが、クラモフスキーとは頻繁にコミュニケーションをとり、意見交換していた。

面白いエピソードがある。

学ぶことに意欲的なクラモフスキーは、

試合後の記者会見に欠かさず顔を出した。会見が行われる部屋の後方のドアからこっそり忍び込み、静かにボスの言葉を聞く。周りよりもひと回り大きな体はきっと目立っていたと思うが、そんなことはお構いなし。時折、「うん、うん」と頷き、満足げな顔で引き上げていく。

「単純に興味があるんだ。メディアの質問も、ボスの答えも、すべてに興味があるから自分の意思で参加している」

そう言って、屈託のない笑みを浮かべる。

ボスを支えた右腕は、2019シーズン限りで横浜F・マリノスを去り、2020シーズンは清水エスパルスの監督としてJリーグを戦っている。念願の監督就任をポステコグルーも喜び、快く送り出した。

新シーズンになれば選手だけでなくスタッフも顔ぶれが変わる。まったく同じ組織で戦うことなど、皆無に等しい。この世界の常を受け入れなければいけないが、彼が優勝メンバーのひとりであることに変わりはない。

ボスは巣立っていったクラモフスキーを父親の眼差しで見ている。

チャンピオンチームを作ったトレーニング方法

トレーニングでの具体的なアプローチとして特徴的なのが、ボールを使うメニューしか行わないこと。

かつてのＪリーグは、開幕前のプレシーズン時期は1年間を戦うコンディション作りのため、持久走を実施するチームが多かった。横浜Ｆ・マリノスも例に漏れず、グラウンドを何周も走る地道なトレーニングで心身を鍛えている時期があった。

しかし、ポステコグルー監督は、そこにボールトレーニングの要素を必ず組み込む。

「私たちはサッカーをするんだ」

シンプルな言葉だが、核心を突いている。

フィジカル要素を盛り込んだメニューにも感情は必要だ。ただ走るのは苦しいだけだが、ボールがあればゲーム要素も足され、勝敗という概念も生まれる。

勝敗といえば、ミニゲームなどの場面でチーム分けする際には、最終的にチャンピオンチームを決めて争わせる。５人1組、あるいは６人1組のチームを４つ作り、即席の総当たりリーグ戦を開催する。

狭いコートでの攻守の切り替えの早いゲーム形式のため、最後は多くの選手が膝に手を突き、肩で息をする。そんな状態まで追い込まれるからこそ勝敗というレクリエーション要素が意味を持つ。

チーム全員が助け合い、声を掛け合って、ひとつの勝利を目指す。そこにファミリーのような一体感が生まれるというわけだ。

闇雲に時間だけが過ぎていくトレーニングも忌み嫌う。

練習の多くは開始から終了まで1時間前後がほとんど。軽めのメニューの日は30分程度で終わることもある。居残り練習も10分や15分を目安にストップさせる。オーバーワークにならないための処方箋だ。

試合間隔が1週間ある場合はミッドウィークの水曜日にオフを挟む。これを指揮官は「リチャージ」と呼び、オフではないと強調する。

「選手にも家族がいるし、サッカー以外の趣味もあると思う。そういう時間を過ごすことも大事だ。ただ、『プロサッカー選手である以上、24時間、7日間、休むことはない』ということは伝えている。もちろん体を休めるのも仕事で、疲れた状態で次の日の練習に来ても意味がない。自分自身で考えながら行動してもらいたいし、常にポジティブな気持ちで過ごしてほしいということだけを伝えている」

強度の高いトレーニングがいまの横浜F・マリノスの強さを支えている。その裏側には、指揮官のこだわりと情熱がある。

ファミリーのためならば苦手な絵も描く

2020年、約9年半ぶりに〝マリノス復帰〟を果たした水沼宏太が声を弾ませた。

チャンピオンチームの一員としてプレーすることに胸を高鳴らせていた始動日の朝のミーティングで、思わず武者震いした。

「ボスのミーティングはモチベーションが上がった。自分のなかから湧き上がってくるものがあったし、やってやろうという気持ちにさせてくれた。内容というよりも、話し方や雰囲気、オーラがすごかった」

このように選手、スタッフから一様に好評なのが、ポステコグルー監督の室内ミーティングだ。

決して特別なことは言っていない。むしろ普通かもしれない。

ただ、シンプルな言葉で、ストレートに感情へ訴えかける。回りくどい表現は使わない。その繰り返しが、選手を突き動かす。

ボスには、ここぞという場面で使う必殺技がある。

ホワイトボードに描く絵だ。

必ず「得意ではないが」という前置きから描かれていく絵は、たしかにお世辞にも上手とはいえない。

人を描くときは棒人間がほとんど。それをキャプテンの喜田拓也や扇原貴宏に見立てて笑いを誘い、精度を濁す。

昨季終盤、残留争いの渦中にいるチームとの対戦前には、山と海を並べて描いた。

山を登っている人は、優勝を目指す横浜F・マリノスだ。

海でおぼれかけている人は降格の危険をはらむ下位チームだった。

「説明しなければ、何を描いた絵かはわからない（笑）」（某チームスタッフ）

ひととおり絵を描いた後、ポステコグルー監督は選手たちを振り返り、真剣な表情でこう説いた。

「山はもう少しで頂上が見えてくるので自力で登り切ることができる。自分たち次第の状況だ。でも海で溺れている人は、助けがないと生き延びることはできないだろう。いま自分たちは山に登っている。上を目指そう」

下や後ろを振り向くことなく、上と前を見続ける。指揮官はそう訴えかけ、選手たちは見事に呼応した。

仲川輝人には思わず感銘を受けた言葉があるという。

「タイトルは記憶だが、それは記録として残る。そのクラブに一生続いていく歴史になる。それを成し遂げたメンバーの名前も一生残る」

独特の雰囲気を醸し出す語り口調も相まって、選手のモチベーションは駆り立てられていく。

ただの精神論ではなく、自己啓発に近い感覚かもしれない。さらにストーリー仕立てにすることで聞いている者を虜にする。

登場するのは棒人間や山、海だけではない。奥さんや子どもといった家族の存在を話に織り交ぜ、感情移入を誘う。

「母親が赤子を守る気持ちでボールを保持しよう。自分の家族を助けるように仲間を助けよう。チームのために、ファミリーのために」

すると選手たちは、もといチームは自然と同じ方向へ進んでいく。向上心と野心が芽生え、自分たちの意志で進もうとする。

ボスは大家族の父親だ。

普段は厳しくても、しっかりと優しさを織り交ぜてくるあたりが憎らしい。

スタイルの結晶となったシーズン68点目

アンジェ・ポステコグルー監督率いる横浜F・マリノスは、いつ何時も変わらない。ホームでもアウェイでも、相手チームの名前や順位も関係なく、とにかくゴールと勝利を目指す。

反対に、ボールを安易に下げるプレーは嫌いだ。相手のプレッシャーがないのならば、前を向いて攻撃を前進させなければいけない。当たり前の姿勢を当たり前に求めているに過ぎない。

一心不乱にそれを続けるスタイルはとても清々しい。就任1年目はその反動であっさり失点する場面や淡泊な敗戦もあったが、とにかく続けることで徐々に成果がともなってきた。

特筆すべきは、昨季終盤の勢いだろう。

リーグ終盤を10勝1分という驚異的な戦績で快走。対策を講じてくる相手を、とにかく力でねじ伏せていった。向かうところ敵なしの状況について遠藤渓太は「負ける気がしなかった。特別なパワーが宿っていた」と振り返る。

その新進気鋭の22歳が、最後の最後に痛快な得点を決めた。

チームにとってシーズンラストとなる68点目だった。

ポステコグルー監督はそのゴールシーンを手放しで称賛する。

「GKが退場してひとり少ない状況で、リードしているにもかかわらず追加点を奪いに行った。ティーラトンは自陣でのリスタートで前へボールを出し、ボールを受けた遠藤渓太は迷うことなく相手ゴールを目指した。ボールキープを命じる監督もいるかもしれないが、私はあくまでもゴールを目指す。私が選手たちに求め続けてきたプレーを、彼らは自分たちの意志で実行してくれた」

文字で表現するならば、何の変哲もないカウンターアタックかもしれない。得点が必要で前がかりになっていた相手の背後のスペースを突いた。少ないパス本数で手数をかけず、一直線に相手ゴールを目指し、見事に決めた。

どこに価値を見出しているのか。

ポステコグルー監督はたしかにボールポゼッションや支配率を重要視しているが、それだけを目的にはしていない。パスを多くつないで決まったゴールが必ずしも素晴らしいとは限らない。注目しているのはパスやポゼッションの内容と、その背景にあるプレーヤーの意志なのだ。

理想のゴールの形を聞いたことがある。

間髪入れずに、真剣な表情でこう答えた。

「チーム全体がひとつになって生まれるゴールこそが私の理想だ。誰かひとりがドリブルで持ち運んで決めるゴールも素晴らしいが、チームが一体感を持って決めるゴールこそが私にとっての理想で、そうやって生まれたゴールこそ完璧なゴールといえる」

どんな形で決まったゴールも、ひとつのゴールに違いない。ファン・サポーターに歓喜を届けるわかりやすい形だろう。

しかしポステコグルー監督はこだわる。

ゴールが持つ意味と、そのディテールに。

そうした積み重ねで遠藤が決めたチーム68点目は、横浜F・マリノスにとって15年ぶりとなるリーグ優勝をもたらす決め手となった。

世間が作った偶像を味方につける

「4―3―3」「4―4―2」「4―2―3―1」「3―4―2―1」……

キリがないので、このあたりで。

日本人はシステム論を好む。

わかりやすく数字が羅列するので、ピッチ全体を俯瞰しているようでイメージしやすいのは間違いない。

翻って、ポステコグルー監督はシステムに興味がない。

さらにいえば、選手をどの位置に配置するかにもあまりこだわっていない。

「誰をどこのポジションで起用するかは重要ではない。どこかのポジションに固定するという考えが私にはないからだ。攻撃的なスタイルにはこだわるが、ポジションは柔軟性を持って流動的に戦っている」

過去2年、横浜F・マリノスのシステムは少しずつ変化していった。

就任当初は中盤を逆三角形にした4―3―3でスタートしたが、ビルドアップと守備の安定を図るために中盤を正三角形に変えた。それもメンバーによっては元の形に戻し、一時的とはいえ3―4―2―1で戦った試合もある。

ただし選手の配置に絶対はない。

2018年にはストライカーの伊藤翔を、3トップよりも一列下がったトップ下で起用した。フィニッシュ能力に長けるだけでなく、ゲームメイクのセンスやパス能力を含めた総合力で評価した采配だ。

2019年は2列目を主戦場とする三好康児を3トップ中央で起用。いわゆる〝ゼロトップ〟に置いた。これはさすがに急造過ぎた感もあるが、固定観念にとらわれないポステコグルー監督らしい発想とチャレンジだった。

こだわりがあるとすれば、それはビルドアップ時のスタートポジションだろう。

横浜F・マリノスの攻撃はGKや両センターバックといった低い位置からの球出しで始まる。それを円滑に進めるためには、11人がポジションの最適解を見つけて、さらに連動していく必要がある。

●相手のプレスを軽減させる意味合いも含めて両ウイングが高さと幅をとる
●ストライカーポジションの選手は不必要に下がるのではなく、オフサイドポジションでもいいから最前線に張る
●相手の陣形と自分たちの位置関係を見ながら、サイドバックが通常の位置取りかインサイド寄りかを判断する

これらは、基本的な約束事として存在するが、これらも絶対ではない。すべては状況次第で、目まぐるしく変わる戦況に合わせて選手が都度、判断していく。

「監督はあまり細かく言わないので自分たちで考える」（仲川輝人）

「すべてを指示するタイプの監督ではない。だから実際にプレーする自分たちで話し合わないとうまくいかないことは多い」（松原健）

口酸っぱく言うのは「ハードワークと攻守の切り替え」だけ。

周囲が思っているほどシステマチックな方法論は用いていないのだが、優勝という結果が出れば注目され、称賛される。

ポジショナルプレーも、5レーンも、偽サイドバックも、ポステコグルーが一度も言ったことのないフレーズばかりだ。

いまあるイメージは、世間やマスコミがマンチェスター・シティやジョゼップ・グアルディオラ監督に重ね合わせて、勝手に解釈して作った偶像に過ぎない。

シティ・フットボール・グループ（以下、CFG）の指示でやっているわけでもない。

「私が雇われたということは、私のスタイルを貫けということだと思っている。CFGの考えに従うだけの役目ならば自分は雇われていなかっただろう。だから自分のスタイルを貫くだけだ」

CFGの協力を得て監督就任したのは事実でも、具体的なサッカースタイルまで指図される覚えはない。自分がどんなサッカーを展開するのかわかっていてオファーしたのだろう、と雄弁に胸を張る。

何も恐れず、信じた道を突き進む。これがポステコグルー流だ。

そういえば右腕を務めたピーター・クラモフスキーも熱っぽく語っていた。

「これはボスのスタイルなんだ。最初は反発が起きて、なかなか結果が出ないこともわかっている。でも絶対に止められなくなる」

漫画の『北斗の拳』ではないが、気がついたときにはもう遅い。相手は必死に対応しようとシステムを変え、戦術という名の論法を用い、さまざまな策を講じてきた。

しかし、その時点で横浜F・マリノスが優位に立っている——。

アンジェ・ポステコグルーは戦術家でも、名将でもない。

稀代の革命家に導かれ、トリコロールは4つ目のスターを手に入れた。

第4章

チーム統括本部の奮闘と情熱

優勝の舞台裏で汗を流していた者たち

横浜F・マリノスの会社組織図において、いわゆる強化部はチーム統括本部と呼ばれている。

トップチームの強化・編成だけでなく、アカデミーも含めた全体を統括する役割も含まれており、仕事は多岐にわたる。もちろん限られた予算のなかでやり繰りするわけで、すべてを思い通りに進められるわけではない。

多くの場面で交渉が必要になる。駆け引きもたくさんあるだろう。ときには極秘裏に進めなければいけない案件もあるはずだ。

ある種のブラックボックス的な側面も持っているわけで、その内情が一般に公開されることはない。

したがって表舞台にはほとんど出ない。

現在、グループの長はスポーティングダイレクター（以下、SD）を務める小倉勉だが、ファン・サポーターにとってはあまり馴染みのない存在かもしれない。公の場に登場するのは新体制発表会でチーム編成をプレゼンするときくらいだろう。

小倉ＳＤはチーム作りにおいて、ある信念を持っている。

「監督が要望した選手をなるべく揃えて、あとは監督以下、コーチングスタッフが、結果を出せるようにチーム作りをしてほしい」

主役はあくまでもチームであり、監督や選手だと強調する。

だから必要以上に前へ出ようとはしない。チーム統括本部は裏方の仕事に徹し、地味にチームを支える役目を担う。

現場の最前線で戦う彼らが気持ちよく仕事を行える環境を整え、常勝軍団への道筋を作っていく。それをプランニングして実行に移し、なおかつ成果をあげていかなければいけない。

この章では、15年ぶりの優勝を手にするチームを編成し、多くの困難を的確かつ迅速な立ち回りで乗り越えたチーム統括本部の仕事ぶりにフォーカスしていく。

- **シーズンオフにおけるチーム編成の狙いは？**
- **夏のウインドーでポイントとなった一手は？**

●シーズン終盤に見せた勢いと強さの原動力は？

スポットライトの当たらない舞台裏で必死に汗を流した者たちの奮闘を、記さないわけにはいかない。

アイザック・ドルから小倉勉へバトンが渡る

関西地方出身の小倉勉は2017年にアシスタントSDとしてチーム統括本部に加わった。

当時、SDを務めていたアイザック・ドルからの誘いでフロント入りし、現場との橋渡し役を担っていく。

別章でも記述したように、2016年末はクラブが大きく揺れ動いていた時期だ。ルーマニア人のアイザック・ドルは英語やフランス語などさまざまな言語を話せる能力の持ち主だったが、一方で肝心要の日本語に難を抱えていた。そのため日本人選手とのコミュニケーションが円滑に進まず、混乱を巻き起こす一因となった。

そんな折、目に見える結果を残せていないエリク・モンバエルツ監督の続投をめぐり、選手から大反発が巻き起こる。シティ・フットボール・グループ（以下、CFG）が急ピッチで推し進める改革に、現場レベルは心身ともに呼応するのが難しい状況だった。

そんな状況で小倉に白羽の矢が立つ。

混乱を収拾するため、緊急的にチーム統括本部長の席に座っていた利重孝夫は、小倉招聘の理由をこう明かす。

「アイザックはかつて日本で仕事をしていた経験があるとはいえ日本人の思考や文化、それから移籍市場を詳しく理解しているわけではありませんでした。そこで2016年途中にジェフユナイテッド市原・千葉を離れていた小倉さんにコンタクトを取り、シーズンオフに契約しました。長く現場で仕事をしていた小倉さんならば、豊富な経験と人脈を生かせるはず。そして初めてマリノスに関わるからこそ客観的な視点から組織構築ができると考えました」

この采配がクリーンヒットする。

ドイツでの指導経験を持つ小倉は、Jリーグ草創期からジェフユナイテッド市原（当時）に長く携わってきた。日本サッカーにセンセーションを巻き起こしたイビチャ・オシム監

練習にも頻繁に顔を出し、監督が望むチーム作りをサポートする小倉勉SD。

督の下でコーチを務めたことでも知られ、日本サッカー協会でも日本代表や世代別代表を指導してきた経歴を持つ。

小倉は長く現場にいたからこその知識と人脈をフル活用。2017年から加入した扇原貴宏や2018年に加入した大津祐樹は、自身がコーチを務めた2012年ロンドン五輪代表の中核を担った選手で、もともとの人間関係が獲得に一役買ったのは言うまでもないだろう。

同時に2016年リオデジャネイロ五輪世代の松原健、山中亮輔、杉本大地といった面々にもアプローチし、獲得に成功。主に日本人のリクルートを担当し、現在につながる横浜F・マリノスの原型を作ることに尽力した。

その後、アイザック・ドルは2018年8月に退任。

前出の利重は2017年初めの時点でチーム統括本部長の任を離れていたため、瞬間的に編成の長が不在に。

ほぼ同時期に代表取締役社長に就任した黒澤良二社長は、9月にバトンを託す。

そう、小倉SDの誕生である。

実績を持つスペシャリストが集っていった

小倉SDが最初に着手したのは、チーム統括本部内の組織整備だ。

自身を「強化部の人間としては素人やから」と関西弁であっけらかんと話すように、履歴書に目を通すとたしかに現場で過ごした時間が長い。キャリアの大半は指導者としてサッカーに携わっていたため、スムーズに意思を共有しつつサポート役を務められる人材が各部門に必要だった。

2018年から小倉のサポート役として参画していた昼田宗昭は、小倉の昇格ととももにアシスタントＳＤの職に就いた。ピッチ内外における大胆なアイディアと迅速な決断力は、さまざまな局面で重要な役割を果たし、予算管理という大役も担う。

昼田は、小倉がオシム体制でコーチを務めた時代の強化部長を務めており、以降も東京ヴェルディやアビスパ福岡などでクラブ運営やチームの強化・編成に携わってきた。圧倒的な経験値は小倉のサポート役にうってつけで、強力なタッグが横浜Ｆ・マリノスのバックヤードをけん引していくことになる。

そのふたりが２０１９年に迎え入れたのが原正宏チーム統括本部ＳＤ付マネージャーである。

英語が堪能な原はジェフユナイテッド市原・千葉で通訳を務め、強化部やテクニカルスタッフとしても働いていた。２０１７年からはヴィッセル神戸の強化担当となり、若くして実績を積んできた実力者だ。

ＣＦＧとの連係やコミュニケーションにおいて、英語は必須スキル。小倉も英語を話せるとはいえ、本格的なビジネストークを展開するには心許ない。そこで「窓口としての役割を果たせる」（小倉ＳＤ）原の存在が重宝した。

全世界に約60人のスカウトを持つＣＦＧのネットワークをいかに有効活用し、チーム力に還元していくか。

原の参画によって、それまで課題とされていた英語でのコミュニケーションが大きく改善され、Ｊリーグで横浜Ｆ・マリノスのみが持つ強みになっていく。

原と同時期には、２０１８シーズンまでファジアーノ岡山で強化部長を務めていた吉野伸彦もチーム統括本部に加わった。吉野はＪ２の移籍市場に豊富な知識を持ち、大学生などのスカウトにも尽力。

さらに関西地方に常駐するスカウト担当も配置し、全国をくまなく調査できる体制を整えた。

こうして小倉ＳＤを中心に、強いチームを裏方として支える地盤が整っていった。

「それぞれの分野に適した人間を配置したということ。みんなでひとつの組織が出来上がっている。人の数よりも、どれだけ効果的に機能できているかが重要」（小倉ＳＤ）

チーム統括本部は２０２０年に入ってからもブラッシュアップを続け、さらなる進化を目指している。

トップチーム人件費はリーグの7～8位

チーム統括本部はチームを率いるアンジェ・ポステコグルー監督と密なコミュニケーションを取り、指揮官が思い描く理想のチーム編成に近づけるべく、全力を注いでいる。一貫しているのが〝現場ファースト〟の姿勢だ。

それは、かつて大宮アルディージャで監督を務め、ヘッドコーチ経験も豊富な小倉SDの根底を成す考えになっている。フロント主導のチーム編成ではなく、現場が目指す形をできるだけ実現させるのがフロントの役割という認識である。

すべてはチームが勝利するために、優勝に少しでも近づくために、皆が労を惜しまない姿勢を共有している。現場の全責任を引き受ける監督の意向を反映させられるかが勝負で、それが目標達成への最短距離と考えている。

では小倉SDとポステコグルー監督は、具体的にどのような頻度でやり取りしているのか。

「選手獲得のときは状況に応じて適宜コミュニケーションを取っている。夏のウインドーが開いているときはほぼ毎日だった。オフに入って監督が日本にいないときは、メールやWhats App（メッセージアプリ）を使っている。テクノロジーが発達しているから、選手の名前さえ分かればいろいろなツールを駆使してプレー映像を見られる時代。Jリーグ国内の選手も海外の選手もすぐに見られる」（小倉SD）

フロントと現場の齟齬を限りなくゼロに近づける。これが意外と難しく、実現できていないクラブは思いのほか多い。

意思決定権の所在にも関わってくる問題になるが、Jリーグの場合は親会社の存在を無視できない。緊急的に資金を投下してもらえる関係ならば、なおのことである。また強化部ではなく、立場が上の社長や会長の意向が絶対のケースも存在する。

その点で、昨今の横浜F・マリノスはチーム統括本部の意向を尊重する傾向が強く、先述したように監督のリクエストを実現しやすい環境になっている。

もっとも、すべてが思い通りに実現するわけではない。

そこで重要になるのが主にチーム強化に充てるための予算だ。

2019シーズンでいえば、横浜F・マリノスのトップチーム人件費はリーグの7〜8位で、ほぼ中位だった。潤沢な資金に支えられているビッグクラブではなく、日産自動車時代から積み上げてきた知名度やイメージから考えると、実際に使える資金は決して多くない。

限られた予算を有効活用するためには、やはり目利きが重要になってくる。外れてもいいと思って賭けるギャンブル的な補強ではなく、緻密な下調べによって確度を上げていく作業が欠かせない。

それはとても地道な作業で、一朝一夕にはできない。どれだけ偶然性を下げられるかが大きなポイントで、そのために24時間365日を捧げているといっても過言ではない。チーム統括本部に休みはない。元日から大みそかまでフル稼働し、勝利の確率を1％でも上げるために努力している。

補強のゴール地点をどこに設定するか

ここからは具体例を挙げつつ、チーム統括本部の仕事ぶりを探っていく。

現体制の特徴のひとつとして、仕事の早さを取り上げないわけにはいかない。そのスピード感は目を見張るケースばかりである。

前提として、Jリーグには2回の登録期間(ウインドー)が設けられている。

2019年を例に挙げると、第1登録期間は1月4日〜3月29日、第2登録期間は7月19日〜8月16日だった。これは日本サッカー協会が国際サッカー連盟(FIFA)の規則に基づき、定めた登録期間である。

1回目のウインドーは、主に新シーズンに向けた編成期を意味している。前年の反省や教訓を踏まえ、どのようなチーム作りをしていくか。必要な人材を集めるだけでなく、余剰戦力となった選手の処遇も考えなければいけない。

2回目のウインドーは、シーズン真っ最中の夏場に4週間の猶予を設けている。前半戦からのてこ入れやさらなる強化を図ることに重きが置かれ、冬のウインドーに比べると人の入れ替えは少ない。

ポイントは、それぞれのウインドーはあくまでも登録期間であり、選手獲得には関係ないことだろう。

例えば、2019年6月に泉澤仁と伊藤槙人を獲得した。

前者はポーランドのクラブからの逆輸入で、いわゆるフリートランスファー(クラブに所属していないため違約金が発生しない移籍)だった。

それに対し、後者はＪ２の水戸ホーリーホックでレギュラーとしてプレーする選手で、シーズン途中ということもあって移籍違約金が発生している。横浜Ｆ・マリノスとしては５月に負傷したドゥシャンが全治４～６週間の離脱と診断されており、センターバックを早急に補強する必要性があった。

とはいえ６月に補強しても、すぐ試合に起用できるわけではない。移籍ウインドーがオープンになってからようやく登録が可能となり、しばらくは練習だけの日々を送ることになる。

しかし、である。

伊藤は登録直後に行われた7月20日のヴィッセル神戸戦に出場している。チアゴ・マルチンスが一発退場となる緊急事態に、途中出場ながらさっそく出番がめぐってきたのである。さらに翌週の清水エスパルス戦でＪ１初先発を飾り、出場停止となったチアゴの穴を埋めた。

これこそが采配の妙で、伊藤には６月下旬から約３週間の準備期間があった。シーズン途中のためコンディションに不安はなかったが、特異なチーム戦術に馴染む時間が必要だった。

仮に移籍ウインドーが開いてから加入していた場合、ほとんど練習しないまま〝ぶっつけ本番〟で臨まなければならなかっただろう。そうなっていればチームと本人の両方にとってリスクで、そもそもポステコグルー監督は試合メンバーに入れなかった可能性すらある。早い段階で相手クラブとの交渉をまとめたからこその好例で、反対に選手が移籍していく場合は、移籍ウインドーが閉まる直前まで保有しておいたほうが、戦力を維持しやすいだろう。

このように現在のチーム統括本部は常に先回りして仕事を進めている。

それを可能にするのが多角的な事前準備だ。

チーム内でいえば、所属選手の状況や考えを把握し、監督とディスカッションを行う。試合に出場していなくても必要な人材ならば慰留に努め、モチベーションを高めるようなアクションも必要だろう。

チーム外については、ターゲットとなる選手本人の意志や条件面を踏まえ、水面下で交渉していく。並行して移籍市場の動きをいち早く察知し、競合するクラブがある場合は何かしらの手を打っていく。

その結果、他クラブが選手獲得に本腰を入れ始める頃、横浜F・マリノスは仕事を終えている。２０１９年に当てはめると、第1ウインドーが開く1月４日の前と、第２ウインドーが開く7月19日の前に、編成作業を終わらせる狙いで動く。

不確定要素や予期できない誤算が生じるケースも往々にしてある。実際に山中亮輔の移籍やマテウスの獲得は、すべてを計算通りに進められたわけではない。

ただし、あくまでも目標のゴール地点は移籍ウインドーが開くタイミングに設定する。２０２０シーズンを戦うための編成作業は、すべてを年内に終わらせていた。それどころか今夏に向けた布石や、２０２１シーズンを見据えたプランを練っている。一歩どころか二歩、三歩も先を見据えた動きが、リーグ優勝を下支えした。

偶然ではなく必然を追い求めて

２０１８年夏に加入した畠中槙之輔、２０１９年最初に加入した朴一圭や広瀬陸斗、あるいは開幕後に加わった中川風希、そして夏に加入した渡辺皓太や伊藤槙人の共通点は、いずれも下位カテゴリーからの移籍組だったこと。彼らはＪ２やＪ３で際立った活躍を見せ、他クラブからも注目を集める存在になっていた。

一方で、Ｊ１での実績はなかった。これは引き抜きを狙うＪ１クラブからすると不安材料で、トップカテゴリーに入って通用するかは未知数。能力があったとしても、チームにフィットするかどうかはわからない。それらが理由で二の足を踏んでしまうクラブは、実際にあった。

その点で、横浜F・マリノスに迷いはなかった。

アンジェ・ポステコグルー監督のサッカースタイルが他と一線を画し、特別な色を持っていることもそれを後押しする。過去の実績やカテゴリーにとらわれすぎる必要はない。大切なのは、チームスタイルに適応する能力だ。

冒頭で列挙した選手たちを獲得した背景について、小倉ＳＤは淡々と話す。いつも声のトーンは変わらず、謙虚な姿勢を崩さない。

「Ｊ１で実績を残している選手を獲得できればよかったかもしれないけれど、チームに合わない選手では意味がない。スタイルに合う選手を獲ろうとして、そのターゲットが結果的にＪ２やＪ３にいたということ。例えば、代表クラスの選手を獲得できれば、ある程度活躍を期待できると思う。でもスタイルに合わなくて、しかも監督が使わないのではまったく意味がない。そこに多くの予算を割くとしたら、チーム全体のヒエラルキーが崩れて難しい状況になってしまう」

誤解を恐れず言えば、下位カテゴリーからの選手獲得はリスクが比較的低い。契約期間が残っていたとしても移籍違約金を安く抑えられる可能性が高く、年俸も高騰していない場合がほとんどだ。

それと比較したときに、小倉ＳＤが話したようにＪ１で実績のある選手は費用がかかる。実績を理由とする一定の安心を買うという考え方だ。ただ、チームスタイルに適応して戦力にならなければコストパフォーマンスの悪い一手になってしまう。実績があればあるほど不満分子になる可能性も高まる。

全員がレギュラー格になったわけではないが、良い意味で期待を裏切った選手は何人もいる。

なかには畠中のように押しも押されもせぬレギュラーに成長し、コンスタントに日本代表へ招集されるようになった選手も。

「フロントの立場としてスタイルに合うと思っても、現場が違うと感じることもある。考えているのはそのミスマッチをできるだけ少なくしたいということ。試合に多く出場していた選手は想像よりも早くスタイルに順応してくれて、それは良い意味でのサプライズだった。

ただ何人かの選手に当てはまることだけど、監督にはどうしても好みがある。自分も監督をやった経験があるからわかる。獲得の段階で監督には映像を含めてしっかり確認してもらっているけど、実際に練習をやってポジション争いに飛び込んだら、どうしても優劣がついてしまう。全員が同じようにチャンスをもらうのは難しい。だからこそミスマッチを減らしたいと思って真摯に仕事に取り組んでいる」（小倉SD）

チーム統括の面々は下位カテゴリーに向けても常に目を光らせている。掘り出し物を探すのではなく、必然の成功を追い求めているというわけだ。

優れたリカバリー能力と3D補強

補強に関して数多くの成功事例がある反面で、すべて思いどおりに事が運んでいるわけではない。

2018年オフに山中亮輔が浦和レッズに、2019年オフは広瀬陸斗が鹿島アントラーズへ移籍していった。

どちらもクラブが必要戦力として考えていた選手で、もちろん慰留に努めていた。だがマネーゲームになれば太刀打ちできない。ともに複数年契約を残している状況で引き抜かれる形となった。

どちらも移籍違約金が発生しており、横浜F・マリノスは無償で戦力を失ったわけではない。特に山中の場合は数億円とも言われる移籍金が支払われ、それは次の人材確保に向けた原資となった。

現体制の優れている点は、主力クラスが移籍を決断した際のリカバリー力だ。

山中の場合はすぐさまタイ代表としても活躍するティーラトンを補強し、広瀬のときはJ2・レノファ山口でセンスを感じさせるプレーを見せていた前貴之を獲得した。

チーム統括本部は常にアンテナを張り巡らせ、次善策をイメージしている。

こういったケースは、おそらく今後も続いていくだろう。

具体的には半年や1年前から各ポジションの獲得候補選手をリストアップし、追跡している。大枠のリストから絞り込んでいく作業に膨大な時間を費やしているからこそ、有事の際にフットワーク軽く動ける。

その補強は「3Dの観点」から進められている。

縦軸として、選手のクオリティとポテンシャルをしっかり見極める。横浜F・マリノスに見合った実力を持った選手に狙いを定める。

次に横軸は、獲得の際の確度だ。現在の年俸や移籍違約金の有無などをリサーチし、予算と照らし合わせて考える。

この縦軸と横軸に加えて、奥行きとしてスタイルへの適応度を求める。アタッキングフットボールを実演できる選手でなければ意味がない。

明確に指針を設けることによって、補強の精度が高まる。もし大きな成果をあげられなかったとしても、そうなるリスクを覚悟の上で獲得に動いた場合に違いない。

海外移籍という「波」今後の展開は？

時代の潮流は、横浜F・マリノスにとっても無関係ではない。

選手の海外流出である。

近年は、若くして海を渡る選手が急増中だ。欧州クラブの主なターゲットは10代後半から20代前半の伸び盛りな選手で、Jリーグを経由せずに海外クラブでのプレーを選択するケースも増えてきた。

サッカーを、よりビジネス的な観点で考える欧州では日常茶飯事。いわゆる〝青田買い〟が成功すれば儲けもので、安く獲得できる日本人ならば失敗してもリスクが低い。

さすがにUEFAチャンピオンズリーグで常連になっているようなクラブから実績ゼロの選手にいきなり声がかかるケースは稀だが、1部リーグの下位クラスや2部リーグで昇格争いできるクラブからのオファーはあとを絶たない。

もちろん選手自身も欧州の舞台での活躍を望んでいるからこそ、移籍話が成立する。

2000年前後のように欧州移籍が珍しい時代ではなくなった。Jリーグで1シーズン活躍しなくてもオファーは舞い込み、日本代表で1試合でも高いパフォーマンスを見せれば、獲得候補のリストに載るだろう。

2019年夏、天野純と三好康児が相次いで海を渡った。

当時27歳の天野はベルギー2部のロケレンへ。本人が「年齢的にこれがフストチャンス」と話していたように、これは将来性を見込んでの獲得ではなく即戦力としての期待値が高かった。

東京五輪世代の三好康児はベルギー1部のアントワープへ移籍した。こちらの場合は横浜F・マリノスに期限付き移籍で加入する時点で、夏に海外移籍する可能性がわかっていた。とはいえ完全移籍で獲得して保有権があるわけではなく、主導権を持っているのはあくまでも川崎フロンターレだった。

いずれも寝耳に水の移籍話ではなく、天野は過去にも海外クラブからオファーを受けた経緯があり、三好本人にも海外移籍の願望があった。

そして横浜F・マリノスは、彼らのチャレンジを後押しする。選手の意向を最大限に尊重し、時代の流れに抗おうとはしない。

アイザック・ドルがSDを務めていた2018年初夏に、山中亮輔がトルコ1部リーグのクラブからオファーを受けた。しかし下位に低迷していたチーム事情もあり、クラブは強く慰留。山中は移籍を断念せざるをえなかったという出来事があった。

もし小倉SD体制になっていたら、この件は果たしてどのような結末を迎えていただろうか。もしかしたら「サッカー選手でいられる時間はそう長くない」と親目線で背中を押した可能性があったかもしれない。

クラブとすれば、もちろんチームに残ってもらいたいという気持ちがある。天野や三好のケースで言えば、戦力ダウンは避けられない。仮に予算に余裕があったとしても、彼らクラスの後釜となる選手を簡単に獲得できる保証はない。

しかし、海外移籍を容認する姿勢にはメリットもある。

セレッソ大阪やガンバ大阪、鹿島アントラーズといったクラブは過去に多くの選手を海外に輩出している。これは決して流出ではない。さらに彼らが挑戦を終えた後の受け皿となり、帰ってくる「家」の役割も果たしている。

横浜F・マリノスでは過去に、中村俊輔が海外挑戦から復帰した。もう10年前の話である。

今後は海外移籍がさらに頻発化し、一方で帰還する選手が現れるはずだ。

日本代表選手が続々と誕生するワケ

ここ数年、横浜F・マリノスから多くの選手が日本代表に選出されている。

2018年夏以降だけに限っても天野純、山中亮輔、畠中槙之輔、三好康児、仲川輝人、遠藤渓太の6選手が日の丸を付けてプレーしている。

個々の努力や目に見える数字が呼び込んだ結果なのは間違いない。特に継続的に招集されている畠中は短期間で目覚ましい成長を遂げ、わずか1年半前はJ2でプレーしていたとは思えない活躍ぶりだ。

では翻って、2017年以前には代表に値する選手がいなかったのだろうか。その時代に選出されていたのは齋藤学くらい。他にも能力の高い選手はいたが、日本代表には縁がなかった。

ポステコグルー監督のスタイルはたしかに目に留まりやすい。勝敗にかかわらず、特にオフェンスに携わる仕事は見栄えがいい。

畠中はセンターバックだがビルドアップ能力に長け、山中はサイドバックの選手だが持ち味は得意の左足を駆使したシュートやクロス、ドリブルにある。

急速に日の丸戦士が増えつつある現状を小倉SDはこのように分析している。

「試合や練習を見てもらう機会を増やす役割は果たせるかもしれない。でも本当に選ばれるかどうかは選手次第」

横浜は東京からのアクセスが良いのだが、なぜか日本サッカー協会関係者から敬遠される傾向にあった。それが近年は状況が変わってきており、試合会場や練習グラウンドで技術委員会や世代別代表のコーチングスタッフを務める人間を見かける回数が圧倒的に増えた。

そういった一因として、ここでも小倉ＳＤが持つ人脈を挙げないわけにはいかない。

「自分が２０１０年南アフリカＷ杯を目指す日本代表のコーチを務めている時に、セキさん（関塚隆：現・日本サッカー協会技術委員長）は川崎フロンターレの監督をやっていた。当時、中村憲剛や川島永嗣が日本代表にいて、練習を視察させてもらう機会も多かった。Ｗ杯が終わってからは、セキさんが２０１２年のロンドン五輪代表監督になって、自分はコーチに就任した。そういった関係性があるのでコミュニケーションは取りやすい」

それだけではない。現場を仕切るポステコグルー監督もサッカー関係者の視察に寛容な姿勢を示す。Ｊリーグで特異なスタイルを展開する横浜Ｆ・マリノスの練習を視察したいと考える関係者は多い。

「いったいどんな練習をやっているんですか？」

番記者である筆者も頻繁に聞かれるほどだ。

サッカーに情熱を注ぐポステコグルー監督は小倉ＳＤがコーディネートした関係者を快く迎え入れ、固い握手を交わして意見交換をスタートさせる。

熱視線を注がれるサッカーと、培ってきた人間関係と。

その両方が横浜Ｆ・マリノスの価値を高めている。

未来を担う萌芽を育てるために

古い順に3人、3人、2人、7人、7人。

この人数が何を意味するのか、すぐに閃いた人はかなりの横浜F・マリノス通だ。2016年以降、シーズンスタートの時点で他クラブへ期限付き移籍した選手の人数である。

ここ2年、その数字が多くなっているのは一目瞭然。対象となっている選手は主に20歳前後の若手で、積極的に期限付き移籍を活用することで公式戦に出場する機会を増やそうという狙いが見て取れる。

かつて齋藤学はプロ3年目の2011年にJ2・愛媛FCへの期限付き移籍を決断。プライマリーからトリコロール一筋で過ごした選手にとって一大決心だった。

すると愛媛でポテンシャルを開花させた。得意のドリブルで相手守備陣を切り裂き、攻撃の核として飛躍的な進化を遂げる。36試合に出場して14得点を挙げ、公式戦でしか得られない自信も手にした。

すると横浜F・マリノスに復帰した翌2012年にはロンドン五輪代表に選出され、2014年のブラジルW杯メンバー23人にも名を連ねた。

あるいは別章で取り上げた仲川輝人も似た道を辿り、2回の期限付き移籍を経て現在の地位を築き上げた。どんなに将来性ある選手でも、場数を踏まないことにはなかなか成長できないのだ。

ポステコグルー監督が打ち出すスタイルは明確だが、あくまでもチームとしての出力を最大限上げることに長けているタイプだ。

そこでチーム統括本部は期限付き移籍を有効活用し、若手に出場機会を与える方針を推し進めている。

「選手は試合に出場してナンボ。試合に出なければ収穫も課題も見つからない。練習だけでは得られないものがある」

小倉SDは持論を展開し、J2やJ3だけでなくJFLなども含めて、カテゴリーにこだわらずに選手を送り出している。

迎えた2020シーズンは、ユースからトップチーム昇格を果たしたブラウンノア賢信と松田詠太郎をすぐさま期限付き移籍させたが、これはクラブ史上初の試みだ。

リーグ2連覇とAFCチャンピオンズリーグ優勝を狙うトップチームに在籍しても、どうしても出番は限られてしまう。それよりもプロ1年目から出場のチャンスを掴みやすい環境を用意して、成長を促す。

チーム力底上げとクラブの未来を描くために、若手の突き上げは大歓迎。そのための方策のひとつが期限付き移籍だ。

いまトップチームでプレーしている選手だけがトリコロールの戦士ではない。

こうして「日本の宝」は巣立っていった

2018年夏、久保建英がFC東京から期限付き移籍で加入した。

10歳からスペインの名門・バルセロナの育成組織に所属していた経歴もさることながら、当時17歳とは思えないプレーで注目を集める存在だった。

しかし出場機会に恵まれない状況が続いていた久保は、環境を変えることを視野に入れていた。

そこで横浜F・マリノスを含めた複数のクラブが候補に挙がった。チーム統括本部はす

マリノスでの経験を生かし、ヨーロッパへ活躍の舞台をうつした久保建英。

ぐさまアクションを開始。夏の移籍ウインドーが閉まる直前で、Jリーグへの選手登録期限まで、あと2日に迫っていた。条件面を含めたFC東京との交渉を超高速でまとめ、将来の日本を背負って立つ「宝」を手に入れた。

その久保は移籍後初出場となったヴィッセル神戸戦に先発し、後半に左足のミドルシュートを叩き込む。彼にとってのJ1初ゴールは下位に低迷していたチームを救う貴重な一撃となり、この移籍が間違いではないという動かぬ証拠になった。

結局、このシーズンの得点は1点のみ。秋以降は世代別代表の活動に招集される時間も長く、わずか5試合の出場にとどまった。数多くの試合に出場して経験を積むという当初の目的が達成されたのかはわからない。

それでも練習で見せる真摯に取り組む姿勢は素晴らしかった。

パスのテンポを重要視するポステコグルー監督の下で、得意のドリブルを一時的に封印。ボールを持ちすぎることなく素早く味方を使うチームプレーを優先し、個を発揮するのは相手ゴール前だけにする。

練習後には誰よりも遅くまでグラウンドでボールを蹴り、最年少選手らしく後片付けなども黙々とこなした。口数こそ多くないが、メディアからの取材にもしっかり対応。試合以外の場面でも意味のある時間を過ごし、今後の飛躍を予感させた。

久保は2019年からは再びFC東京に戻ってプレーした。

そして同じ年の夏、レアル・マドリードへの完全移籍が発表された久保は、FC東京の一員として味の素スタジアムで壮行セレモニーを行った。

その日の対戦相手が横浜F・マリノスだったのは、運命のいたずらか。

試合後、ピッチ上に用意されたマイクの前に立った久保は真っ先に横浜F・マリノスへの感謝を述べた。わずか半年の在籍だったが、自分のなかで何かを変えるヒントがあった。

かけがえのない時間を過ごしたことへの、あふれ出る思いだった。

スタジアムの控室では、自身の変化をより具体的に言葉にしていたという。

「自分自身の心が変わりました。マリノスでは試合に出られない選手も、みんなが毎日一生懸命練習していました。それを見て、一緒にプレーして、自分も変わることができました。ありがとうございました」

試合に出場できない時期も、周りの選手と同じように必死に汗を流した。チーム一丸となって戦うことの大切さ、強調性を学べた。

横浜F・マリノスの一員として過ごした日々が久保建英の糧になっているのだとしたら、それはクラブにとっても誇らしい出来事だ。

第5章

CFGという名の新時代のパートナー

シティ・フットボール・グループとの出会い

２０１４年１月初旬、元日に天皇杯優勝を勝ち取った興奮冷めやらぬなか、嘉悦朗社長と樋口靖洋監督（いずれも当時）はマンチェスターを訪れていた。そこでシティ・フットボール・グループ（以下、ＣＦＧ）が保有する有形無形の財産を目の当たりにする。

マンチェスター・シティのトップチームや育成システムの領域については、建設途中ながらトレーニング施設のスケールの大きさに驚いた。加えて、先進的なトレーニングメニューやメディカルに関するノウハウにも学ぶべきポイントが数多くあった。

しかし嘉悦が最も感銘を受けたのは、チーム作りに関するロジカルでスマートな知見と、そのシステムだった。特に巨大なスカウト網とそこから上がってくる膨大な量の選手情報は圧倒的で、それを「ニーズ」に合わせて効率的かつ効果的に検索できるシステムが完成していた。

「ニーズ」とは何か。

これは、さらに上位概念まで遡ることによって明らかになる。この上位概念こそ、まさにチームが目指す「スタイル」だ。そして、そのさらに頂点にあるべきものが「クラブが実現したい姿」や「フィロソフィー」である。

当時、嘉悦は胸を高鳴らせるように話した。

「『適材適所』という熟語がありますが、私はCFGの思想に触れて、『適所適材』という表現のほうがしっくりくる気がしました。『選手に合うシステム』を考えるのではなく、『システムに合う選手』を適正に配置する。これはビジネスの世界と同じです。企業として求める成果を効率的に達成するために、あるべき組織をデザインする。次に組織を構成する個々の人材のスペックを明らかにしていくというプロセスにとてもよく似ています。

そのうえで社員の配置を検討し、社内に適材がいなければ外から採用する。あわせてそれぞれのポジションの後継者の発掘、育成を計画的に考える。この手順がとてもロジカルに整備・システム化されているわけです。これこそ私が探し求めていた『持続可能な成長の基盤』そのものだと確信しました」

横浜F・マリノスは何を目指すのか。いわゆる「ゲームモデル」を明確にすることによって、各ポジションの選手に求める特性がさまざまな切り口から具体的になる。ひとくちにFWと言っても、ゲームモデルが違えば、まったく異なるタイプのFWが必要になる。

そして、それを世界中にいるCFGのスカウトと共有できれば、高い確率で理想に見合った選手を効果的に獲得できるというわけだ。

この明快で一貫したコンセプトとスマートなシステムに魅力を感じた嘉悦は、成功に向けた大きな手ごたえを得た。

帰国後、日産自動車本社にCFGとの提携を強く要請。日産経営陣を交えた議論と意思決定を経て、2014年5月にパートナーシップ契約を締結した。

世界的サッカー事業グループの傘下に

この案件はCFGが日産自動車に働きかけたことがすべての始まりだった。

CFGの傘下にいたマンチェスター・シティは2011-2012シーズンに44年ぶりのプレミアリーグ制覇を成し遂げた。だがバルセロナやレアル・マドリード、あるいは同じ街を本拠地とするマンチェスター・ユナイテッドといった上位クラブに本当の意味で追いつき追い越すためには、先行クラブと同じ手法では勝てない。

そこでグローバルフランチャイズという新しい発想にたどり着く。

ＣＦＧはすでにニューヨーク・シティやメルボルン・シティと提携しており、ブランディングとビジネスモデルを確立しつつあった。その傘下に横浜Ｆ・マリノスも加わるという構想である。

同時にＣＦＧは横浜Ｆ・マリノスの少数株主となり、全体の１９・９５％を出資することに。これは当時、外国資本がクラブに本格的に参画する初の事例として大きな注目を集めた。

しかし、提携当初は多くの困難が立ちはだかった。

日本有数の伝統を持つ横浜Ｆ・マリノスには、ピッチ内外において長く時間をかけて築き上げてきたアイデンティティがあった。従ってＣＦＧからの助言をすんなりと受け入れる土壌が必ずしも整っておらず、規模感の違いや歴史、国民性、価値観の相違も大きかった。そしてコミュニケーションの面でも言語の壁が立ちはだかり、互いに理解し合えない場面も多かった。

一方のＣＦＧにとっても、Ｊリーグと日本はまったくもって未知の世界だった。

選手の情報、リーグのレベル、はたまたサポーター文化もプレミアリーグとは大きく異なる。２０１４年にはニューヨーク・シティにダビド・ビジャとフランク・ランパードといった世界的な名手を送り込むことで脚光を浴びたが、それと同じ手法がJリーグの予算規模でも可能だと、当初は考えていたようだ。

例えば2014年夏の補強を検討する際、CFGから挙がってきたリストは、コスト面でとても手の届かない選手が散見されたという。それもそのはず、当時のCFGが保有していた選手情報は、プレミアリーグを主たるターゲットとしたものだったからだ。

異文化が交わる初期のタイミングで、さまざまな部分で乖離していた横浜F・マリノスとCFG。それは新たな航海に出るためのプロローグに過ぎなかった。

CFGの協力を得て加わった指揮官とアタッカー

2015シーズンのエリク・モンバエルツ監督就任は、横浜F・マリノスとCFGの資本提携に伴う実質的な共同作業の第1号だ。

前任の樋口監督はそれまで停滞していたスタイルからの脱却を図り、アグレッシブな姿勢をチームに植え付けた。その結果、2013年には優勝まであと一歩のところまで迫り、天皇杯優勝という結果も出た。だが、クラブはさらなるブレイクスルーを目指し、新監督招聘に踏み切った。

その選定作業の前提にあったのは、CFGのスキームから学んだことを忠実に実践するという考え方だ。

例えば、他クラブで優勝経験のある著名な監督にチーム作りを丸投げするのではなく、まずは自分たちが実現したいサッカーをしっかり定義する。そして、それにフィットする監督をCFGのネットワークから推薦してもらい、自分たちで精査して決めるというプロセスを踏む。

嘉悦社長は樋口監督時代に追求した「攻守においてイニシアチブを握り、相手を圧倒して勝つ」というコンセプトをより進化させようと考えた。そのためにこのコンセプトをもう一、二段階かみ砕いて、ゲームモデル、さらには攻撃、守備の在りたい姿を可能な限り定義し、これらを実現するために監督に求める期待値を具体化していった。

当初はCFGからかなりの数の候補者がリストアップされたが、最後の数名の段階ではTV会議システムを駆使して直接対話し、互いの疑問点や条件面などの詳細を確認。CFGの助言を得ながら、モンバエルツ監督に決定した。

フランスでも有名な理論家として知られていたモンバエルツ監督は、そのTV会議を

チーム改革の一歩目として招聘されたモンバエルツ前監督。

通した面談で、まず横浜F・マリノスの攻撃のテンポの遅さを指摘した。そして守から攻へ切り替わった直後の数秒間が最も得点の確率が高いと説き、縦への速さを強調した上で、それらをトレーニングに落とし込むメソッドを熱心に披露したという。

さらにときを同じくして、選手でもいままで獲得できなかったワールドクラスのタレントの獲得に成功する。

アデミウソンである。

かつてブラジルの世代別代表で背番号10をつけていたアタッカーは、瞬く間に横浜F・マリノスの攻撃の中心となった。日本人選手を子ども扱いするスピードとパワー、そしてテクニックは合流初日の練習から異彩を放ち、CFGとの提携によってわかりやすい恩恵にあずかった例と言えるだろう。

モンバエルツ監督と同じように、CFGのスカウト網によるリストアップがなければ絶対に実現しない補強だった。

こうして新旧融合の陣容で臨んだ2015シーズンだったが、結果は7位と突き抜けきれず。だが、確実に変革のときは近づいていた。

改革を断行し、クラブは揺れ動いた

モンバエルツ体制2年目の2016シーズンは、前年を下回る10位と成績が振るわなかった。それに端を発するように指揮官の求心力は低下傾向にあり、チームが順調に右肩上がりの成長を見せているとは言い難い状況に陥る。

その時期と前後するようにクラブは本格的な組織改革に着手。嘉悦から任を引き継いだ長谷川亨社長は事業面にメスを入れていき、強化面では同年3月に新設したスポーティングダイレクター（以下、SD）に就任したアイザック・ドルが早くから翌シーズンをにらんだ動きを見せようとしていた。

1月に着任した長谷川社長は、監督や選手の場合と同じようにCFGから提供を受けたSD選定のロングリストを徐々に絞り込み、最終的にアイザックを選んだ。同時に嘉悦前社長時代から強化責任者を務めていた下條佳明チーム統括本部長が退任し、アイザックが強化のトップに立ってCFGが出すメッセージに呼応する役割を担っていく。

SDの候補者リストには日本人もいた。だが歴史の浅い日本サッカーにおいてプロのSDは、いまも当時も人材が不足している。

そのことからも必ずしも外国人である必要はなかったことがわかるが、CFGと密接にコンタクトを取るうえで英語能力は欠かせない。かといって監督や選手のように通訳を介してのコミュニケーションでは別の問題が生じる可能性が高い。

結局、最終的なショートリストに残った候補者のなかに日本人はおらず、日本語を話せるのもアイザックただひとりだった。

こうして改革を断行する体制が整い、横浜F・マリノスは新たな航路へ舵を切った。

もはや待ったなしである。

事業サイドでは長谷川社長を中心とした経営陣が急激な若返りを進め、2017年に向けてのチーム編成も早い段階から大ナタを振るっていく。

その過程で、アイザックに選手へのリスペクトを欠く言動があったのは紛れもない事実だ。選んだ言葉や方法論がノイズを引き起こした大きな要因だろう。一方で、改革を断行するという信念があり、実際にはスタッフ、手法ともにマンネリ化しつつあった一部の部門を刷新したことによってもたらされた効果もあった。

とはいえ全体的には、組織としてアイザックをサポートする体制は不十分で、次のステップに向けた人事における説明不足もあった。現場サイドの反発は次第に大きな渦となり、ファン・サポーターにとっては不安な日々が続いた。

どのような組織、あるいはビジネスにも改革に一時的な反発はつきものだ。軋轢やフラストレーションと戦う日々を過ごすことになったとしても、それはある意味で意識的に起こした「不可避な衝突」だったのかもしれない。

その瞬間から2019シーズンの優勝を描けていたわけではない。結果が出たことによって美しいストーリーになった側面は確実にある。

ただひとつ言えること。

クラブは大きく揺れ動き、同時に未来を切り拓くための強い意志を問われていた。

そして訪れた歴史のターニングポイント

シーズン途中にもかかわらずピッチ外での喧騒が大きくなっていた7月、それまでエグゼクティブ・アドバイザーという肩書きでクラブを多方面からサポートしていた利重孝夫がチーム統括本部長に就く。

ＳＤのアイザック・ドルをコントロールする役割を担いつつ、事態を収束させて正しい方向に導く任務を預かった。

利重は大きく息を吸い込み、視線を真っすぐに向けて当時を回想した。

「私自身は、それまで組織の外からクラブ全般に変革を促す役割を担っていましたが、現場の混乱が許容度を超えてしまっていると感じ始めたのです。ミッション遂行のためには、自分の仕事をひとまず強化部門に絞り、組織のなかに入って責任を全うすべきという直感もあったので、長谷川社長と話してチーム統括本部長の職に就かせてもらいました」

ＣＦＧの日本法人であるシティ・フットボール・ジャパンの代表としてコンサルティン

グを行う立場だった人間が、経過措置とはいえクラブ内部に入るという歪な人事が、起きている事の重大さを物語っていた。

改革をコントロールする側から改革側へ。

利重が最も意識したのは「プロジェクトを継続させること」だった。

「古き良きクラブの伝統や前例を壊す、覆すことに対する反発を受けながらも、一方でCFGから『いつまで生ぬるいことをやっているんだ』というプレッシャーをかけられる。その両方のコントロールが必要でした。

私自身、これまで欧米のビジネスにかかわってきたなかで、ある意味で外圧を使いながら日本の事業が次のステージに進む姿を見てきました。サッカー界にもそれが必要だと感じていましたし、このプロジェクトは日本サッカー界における新たなモデルケースになりうると信じていました。

だからこそ改革プロジェクトそのものが頓挫してはいけない。緩めすぎることなく、急ぎすぎない。とにかく継続していくことで、クラブが成長・進化していく確率が間違いなく高まる。それがプライオリティの最上位でした」

着地点を見つける作業に心血を注ぎ、不足していたコミュニケーションを増やし、軌道修正を図っていく。それでもシーズン終了後の11月下旬にモンバエルツ監督との契約更新を発表したことで、さらなる逆風にさらされた。

就任してからの過去2年はたしかに結果を出せていなかったが、その大きな原因は編成にあるとＣＦＧは考えていた。だからこそ3年目に向けて然るべき編成を行い、クラブとしてもチームとしても発展していくという青写真を描いた。

利重は主に日本人選手の契約更新や獲得交渉を行い、アイザックは外国籍選手の獲得作業に軸足を置いた。

その過程で、クラブを長く支えた功労者と別れなければならなかった。ファン・サポーターの感情としては受け入れ難い出来事だったが、選手がクラブの方向性を決めるのではなく、クラブがクラブの大事を決めるという基本的な在り方を貫いた。

クラブ史における大きなターニングポイントだった。

横浜Ｆ・マリノスは生まれ変わり、ＣＦＧの協力を得て次なる一歩を踏み出す。その数年後にリーグタイトル獲得という大団円を迎えるとは、このときは誰も知る由もない。

さまざまな分野でノウハウを生かしていく

激動のオフシーズンを終え、2017シーズンを戦うチームにはまさしく多士済々な顔ぶれが揃う。

ウーゴ・ヴィエイラやミロシュ・デゲネク、ダビド・バブンスキーといった東欧にルーツを持つ、あるいはプレーしていた選手を次々と獲得したのである。

これはアイザック個人のコネクションによるところも大きく、新たな市場開拓に一役買った。加えて、前所属クラブとの契約内容や選手が置かれている状況などを詳細に把握できたのは、全世界にネットワークを持つCFGの存在あってこそ。横浜F・マリノスに限らずJリーグ全体を見渡してもセールスポイントとなる新しい着眼点だった。

チーム編成と並行し、このオフには組織内の整備も行われた。チーム統括本部を細分化し、それぞれの役割を明確にしたのである。

トップチームを主とするフットボールパフォーマンス。メディカル部門を含めたヒューマンパフォーマンス。選手獲得など補強で力を発揮するタレントマネジメント。ピッチ内外で円滑に進めていくためのチームオペレーション。そして育成年代を強化するのに必要なアカデミー部門の5つに分けて名称を改め、各担当に責任者を配して管理する。この考え方は現在のチーム統括本部にも続いており、当時よりも細分化された組織図になって運営されている。

ほかでは、この頃から選手の査定方法がよりデジタルにシフトしたことを強調したい。走行距離やスプリント回数などGPSを活用したデータは査定の際に明確なものさしとなる。ストロングポイントとウィークポイントを明らかにすることによって、向上と改善を図りやすくなる。

また、「インセンティブ＝動機付け」を積極的に採用し、選手のモチベーションを高めようと試みた。出場率やゴール数など、契約時に設定されたラインを超えればボーナスが支払われるという仕組みだ。これによって基本給を抑えることが可能になった。するとチーム内における年俸バランスのヒエラルキーが整い、健全なチーム運営が行われるようになっていった。

CFGが持つさまざまなノウハウを吸収し、実際のオペレーションに取り入れていく。幾多の困難を乗り越え、資本提携のメリットを享受していった。

〝違い〟を生み出す外国籍選手をいかにして獲得したのか

「15年ぶりに優勝できた要因は？」

人それぞれの答えがあるだろう。

ポステコグルー監督の存在、スタイルを貫いた信念の強さ、ピッチ内外でのチームワークの良さ、などなど。

しかし、忘れてはいけないことがある。

「外国籍選手の質の高さ」だ。

チアゴ・マルチンス、マルコス・ジュニオール、エジガル・ジュニオ、そして夏に加入したエリキ。このうち誰が欠けても、横浜F・マリノスは優勝に手が届かなかっただろう。

第4章でも述べたように、昨今はJリーグのマーケットでも常に先手を打った補強を行っている。スタイルに合った人材を最適なタイミングで獲得し、しかも他クラブとの競合を避けてコストを抑えている。

しかしながら日本人のクオリティで〝違い〟を生み出すのは難しいのも事実。日本代表のレギュラークラスを獲得できたとしても、今度はコストがかかりすぎる。

ではＪリーグで実績を残している外国籍選手を獲得する一手はどうか。他クラブとの競合は避けられず、マネーゲームになってしまう可能性が高い。

その点でＣＦＧのネットワークを駆使した外国籍選手の獲得は、他クラブでは絶対に実現できない横浜Ｆ・マリノスだけの武器だ。

Ｊリーグの多くのクラブの場合、外国籍選手の獲得は国内外のエージェントを介して行う。人間関係を構築するのに時間がかかり、費用もかさむ。それでいて精度に不安が残るのだから、ギャンブル的な要素が高いと言われても仕方がない。

これがＣＦＧにリクエストした場合、可及的速やかにニーズに合った選手の情報が手に入る。担当者はスカウト担当と日常的に連絡を取り合い、情報をアップデートしていく。

資本提携当初はここでのコミュニケーションがスムーズではなかった。横浜Ｆ・マリノスはＣＦＧを有効活用するための手順やリクエスト内容を整理できず、ＣＦＧは求められる選手のクオリティや予算規模を把握できていなかった。

手に入る情報項目は選手評価（プレー可能ポジションやタイプ、人間性など）に加えて予想年俸や予想移籍違約金、ストロングポイントとウィークポイント、そしてプレー映像などだ。

質の高いパフォーマンスでチームの骨格を担っている助っ人たち。

チアゴは前所属のパルメイラスで出場機会に恵まれず、あれだけの実力者にもかかわらずセンターバックの4～5番手だったという。加入時点で23歳と年齢的な伸びしろも見込めるだけに、ベンチに甘んじているには惜しい人材だった。

マルコスは半年以上前から動向を継続的にチェック。所属クラブとの契約が年末で切れることを把握し、本人に移籍の意思があることも踏まえて獲得に成功した。

エジガルについては、能力と稼働率のバランスから期限付き移籍を選択し、エリキについてはエジガルが負傷離脱する以前よりリストアップしていたからこそ、早いタイミングでの獲得が可能だった。

他クラブとは一線を画する手法での外国籍選手獲得は、今後も大きなアドバンテージになるだろう。

マンチェスター・シティと初対戦 世界基準を肌で感じる

ようやくその日が訪れた。

2019年7月27日、横浜F・マリノスはプレミアリーグ2連覇中のマンチェスター・

シティと日産スタジアムで初顔合わせした。

CFGの存在なくしてこの対戦が実現しなかったのは、言わずもがなだろう。欧州のサッカーカレンダーにおいてはプレシーズンにあたり、アジアツアーの一環でもあった。長期オフ明けの選手のコンディションは万全ではなく、シーズン中のようなパフォーマンスを求めるべくもない状況だった。

しかし、それでもレベルが違う。

3対1で勝利した結果もさることながら、要所でワールドクラスのプレーを披露。詰め掛けた65、052人の観客は世界最高峰のプレーに酔いしれた。

とりわけベルギー代表MFケヴィン・デ・ブライネのプレーは衝撃的だった。中盤で対峙した扇原貴宏の言葉がそれを物語っている。

「世界のトップクラスを肌で感じました。パススピードが速いのに精度も高くて、判断も的確で早い。いままでのサッカー人生で味わったことのない感覚でした。あの体感スピードはいまも自分のなかに残っています。正直に言うと、あの試合ではデ・ブライネ選手のことしか覚えていません」

2018年ロシアW杯で日本代表を奈落の底に突き落とした世界トップクラスのMF

世界最高峰の実力を体感したマンチェスター・シティとのプレシーズンマッチ。

は、次元が違った。攻撃も、守備も、何気ないワンプレーも、すべてにおいてJリーグでは体験できないレベルだった。

そんなスター選手が集まっている集団に対し、横浜F・マリノスも堂々たるプレーを見せた。

すでにJリーグでセンセーションを巻き起こしていたアタッキングフットボールを堂々と展開し、新進気鋭の遠藤渓太が一時は同点に追いつくゴールを決めた。最後はさすがに力負けしたものの、名将ジョゼップ・グアルディオラ監督も舌を巻くパフォーマンスだった。

さまざまな分野でCFGとの関係性を深めてきたが、そのどれよりも直接的な効果を得た。親善試合といえども、普段触れることのできない領域から体得できるものは多い。たかが1試合、されど1試合である。

喜田拓也はその価値を述べると同時に、積み上げてきたスタイルへの自信も口にした。

「ワールドクラスの選手と対峙して、新しい感覚をつかめました。それはピッチに立って対峙しないとわからないことで、大きな意味のあるゲームでした。ただ、そのなかでも自分たちが示すべきものは示せた。試合に負けているので言い方は難しいけれど、怖気づかずに真っ向勝負をして、偶然ではない形で得点できた。マリノスを世に知らしめる良い機会になったと思います」

試合に敗れても貴重な経験から自信を手にしたチームは、終盤にかけて勢いを増していく。だとすれば、この一戦が優勝に一役買ったという見方をしても、あながち間違いではない。

5年という月日によって横浜F・マリノスとCFGは相互理解を深め、それぞれに確実なメリットをもたらす間柄になった。その現在地を確認した出来事は、さらなる発展の起点となるはずだ。

幾多の困難を乗り越え、物語は次のフェーズへ

横浜F・マリノスとマンチェスター・シティの対戦に合わせるように、その3日前の2019年7月24日、日産自動車株式会社とCFGはグローバル・パートナーシップ契約を更新したことを発表した。

これは、横浜F・マリノスとCFGの関係が今後も継続していくことを意味している。

5年という年月の間にはさまざまな出来事があった。異文化の接触・融合は一筋縄ではいかず、停滞や混乱を招いた時期もあった。

しかし幾多の困難を乗り越え、少しずつ発展の兆しが見えてきた。

それは2019年にリーグ優勝という形でひとまず結実し、これをきっかけに関係はより強固なものになっていく。

両者の歩みについて、小倉SDはこんな表現で振り返った。

「CFGは当たり前だと思っている世界の常識が、日本では『日本のやり方があります』と非常識になることがある。反対に日本の常識は、CFGにとって非常識なケースもあ

る。そういったなかでお互いが歩み寄って、せめぎ合い、それを上手に行えるようになってきたのが最近の1～2年だと思う」

互いの是非を問うのではなく、歴史や背景がまったく異なるのだから、そもそも同じ価値観のはずがない。

だからこそ横浜F・マリノスとしてのプレーモデルが重要となり、CFGはコンサルティングとしてバックアップする役割を担う。それぞれの立ち位置が明確になることで、関係は深度を増していく。

小倉SDはCFGが定期的に行うミーティングの場で、フェラン・ソリアーノCEO（最高経営責任者）にこう伝えられた。

「フェランには『いろいろな情報を供給するけれど、最終的に決めるのは各クラブのプレジデントやCEO、SD、監督です』と。CFGは強制しない。最終的な意思決定権は自分たちが持っているんです」

優勝がかかった最終節のFC東京戦当日、イングランドのマンチェスターにいたフェラン・ソリアーノは朝4時に起床し、横浜F・マリノスのユニフォームとタオルマフラーを着用。現地時間で朝5時にキックオフした試合をオフィスにある大画面で見守り、優勝の瞬間を見届けた。

横浜F・マリノスの成功はCFGの成功と同義で、海を渡った先にもトリコロールを後押しする人間がたくさんいた。

今後は事業サイドでも大きな効果をもたらすことが予想される。

CFGの存在なくして獲得できない海外スポンサーや、オペレーションは実際にある。伝統あるクラブがもともと持っているポテンシャルに加えて、それを実行する方法論やヒントを得たのである。

そして物語は次のフェーズへ突入していく。

成功を一過性のもので終わらせるのではなく、常に成長し続けて、発展しなければいけない。

そのためにできることはたくさんある。優勝という成功体験が新たなモチベーションとなり、互いのアイデンティティをより際立たせていく。

「偶然を必然に変える」

黒澤良二社長のこの言葉こそ、横浜F・マリノスとCFGが描く未来予想図だ。

第6章

トリコロールの未来

横浜F・マリノス一筋18年を満喫

試合終了から約1時間が経過し、優勝セレモニーも終わった。

ファン・サポーターは15年ぶりに手にした歓喜の余韻に浸りながら、もうひとつのメインイベントに向けて心の準備を始めていた。

日産スタジアムの大型ビジョンに、ある男の歴史を振り返る映像が流される。

この日で現役生活に幕を下ろす栗原勇蔵だ。


プロデビュー戦は2003年4月23日。

ヤマザキナビスコカップのベガルタ仙台戦にセンターバックとして先発した。

隣には尊敬する松田直樹が、後ろには育成組織時代からともに切磋琢磨してきた同い年のGK榎本哲也がいた。

プロ2年目、当時の栗原は若かった。

あふれ出る闘争心を抑えきれず、相手FWとのマッチアップはいつも肉弾戦になった。

ユニフォームを引っ張り、引っ張られ。闘志が空回りすることもしばしば。血の気の多いプレースタイルは、観ている者をハラハラドキドキさせた。

松田や中澤佑二の背中を必死に追いかけ、ついには日本代表にも名を連ねた。ちょっぴりヤンチャで人懐っこい性格の男は、一人前のサッカー選手に成長して世界と戦う。W杯予選では得点と、それから退場も経験した。

横浜F・マリノス一筋18年。公式戦446試合に出場し、誰からも愛された。押しも押されもせぬレジェンドだ。


引退セレモニーの最後、栗原はお願いをした。

「スタジアムにいる方々で、最後に僕のコールをしていただけたらと」

コールリーダーの掛け声を合図にチャントが大合唱される。いつもより大きな声で、いままでで一番の思いを込めて。

栗原は大きく深呼吸しながら、最高の時間を堪能した。

ゴール裏に掲げられた大きな横断幕には、こう書かれていた。

「世界一最高なマリノス愛をありがとう」

クラブシップ・キャプテンという〝新たなカタチ〟で

興奮と感動のホーム最終戦から約1ヵ月が経過した2020年1月10日、横浜F・マリノスは栗原勇蔵がクラブシップ・キャプテンに就任することを発表した。

耳馴染みがないのも無理はない。過去に誰も務めたことのない新設ポストである。キャリア晩年、栗原は引退後も含めたキャリア設計について首脳陣とディスカッションを行ってきた。年齢を重ねるにつれて、徐々にある思いが芽生えてきたのも大きい。

「ここまで自分を育ててくれたクラブに恩返しがしたい」

ジュニアユースから数えて計24年間を過ごした愛着あるクラブに何かを還元したい。屈強なDFとして名を馳せた男に、新たな夢ができた。

名門クラブとして、過去に数多くの名選手を輩出してきた。しかし引退後もクラブに残り、歴史を紡いでいく人材は思いのほか少ない。その現状を不安視する声は多く、積年の課題にもなっていた。

栗原はこのキャスティングにうってつけと言えるだろう。

ホームタウンの横浜市出身で、マリノス愛を声高に叫べる稀有な存在だ。豊富な経験はトップチーム以外にもアカデミーや地域貢献活動でも生かすことが可能で、何よりもクラブとファン・サポーターをつなぐ架け橋になれる。

「選手の立場から見て、頭のなかで描いていたものとは違いがあると思うので、実際に触れてみたい。そうすることで自分の経験を生かせる局面があるかもしれない。マリノスのために、いろいろなことにチャレンジしていきたい」

クラブとしても、引退後のセカンドキャリアをスタートさせる栗原とともに歩んでいく価値は計り知れない。

1月には「横浜F・マリノス宮崎キャンプ見学ツアー2020 with 栗原勇蔵」を開催し、40名の定員を上回る応募が殺到。現地ではトークショーやサッカー企画などを行い、ファン・サポーターと近い距離で触れ合った。

「ファン・サポーターの意見はとても貴重。今までその意見を聞いてクラブに伝えられる人がなかなかいなかった。これからは自分がその役割を担っていければ」

トリコロールの未来を切り拓いていく〝新たなカタチ〟。

栗原船長にしか務まらない役目で、横浜F・マリノスを進化させていく。

「全部、マリノスのおかげ」

横浜F・マリノスにとっての2020シーズン開幕戦当日、日産スタジアムにはある男の姿があった。

現役時代となんら変わらない精悍な顔つきで、すぐにでもグラウンドでプレーできそうな強いオーラを発している。いや、おそらくプレーできるだろう。

男の正体は榎本哲也。栗原勇蔵と同じ1983年生まれの36歳だ。

マリノスとの出会いは小学校1年生まで遡らなければいけない。

当時、7歳だった榎本は横浜マリノスのスクールに参加。本格的にサッカーを学び、瞬く間に才能を開花させていった。

小学校3年生からは育成組織のプライマリーに所属。以降はジュニアユース、ユースと順調に階段を上り、トップチームに昇格した2002年から2016年まで長きにわたってトリコロールを支えたレジェンドプレーヤーのひとりだ。

キャリア晩年はJ1・浦和レッズやJ3・カターレ富山でもプレーし、2020年に入ってから引退を表明。惜しまれながらも現役生活に別れを告げた。

トリコロールの血が流れる守護神は、横浜F・マリノスでセカンドキャリアをスタートさせる。

自身が初めてマリノスの門を叩いたスクールに今度はコーチという立場で携わる。子どもたちにサッカーの魅力を伝える。GKの面白さを伝える。自身が歩んできた経験を伝えていく。

プロ入りして早い時期から「将来はGKコーチになりたい」と思い描いていた榎本。30歳を過ぎた頃には目標が明確なものになり、35歳をひとつの区切りとして考えるようになった。

その理由として「自分が動くことで子どもたちにお手本として見せることもできる。40歳を超えると体の状況は違うかもしれないから」という考えがある。

カターレ富山でのプレーを1年間と決めていた榎本の下には、J1からJ3まで数多くのチームからオファーが舞い込む。経験豊富なベテランGKを必要とするクラブは、自身が想像していた以上に多かった。

だがサッカーと向き合う榎本の視線は、すでに指導者のそれになっている。

マリノスの守護神として活躍し、指導者として帰還した榎本哲也。

決して順風満帆なキャリアではなく、試合に出場できない時期や負傷離脱の時間もあった。

本心とは異なる形で横浜F・マリノスを離れたかもしれない。ただ、指導者になれば酸いも甘いもすべての経験がひきだしになっていく。

そんな榎本哲也にとって横浜F・マリノスとは——。

「いまここにいられるのはマリノスのおかげ。自分にサッカーを教えてくれたのはマリノスだし、プロサッカー選手にしてくれたのもマリノス。浦和レッズに移籍できたことも、カターレ富山でプレーできたことも、マリノスがあったからこそ。マリノスがあったから、すべてがつながっていった。全部、マリノスのおかげ」

何度叫んでも、マリノス愛に終わりはない。

9年半ぶりに復帰し、偉大な父を追いかける

栗原勇蔵や榎本哲也のようにクラブ一筋を貫いた選手がいる一方で、9年半ぶりの復帰を決断したのが水沼宏太だ。

ジュニアユースから横浜F・マリノスのエンブレムをつけて戦い、ユースの3年間を経由して2008年にトップチーム昇格を果たす。中学時代にボールパーソンを務めた日産スタジアムで、今度はプレーヤーとして輝くチャンスがやってきた。

しかし人生はなかなか思いどおりに進まない。偉大な先輩たちの壁を超えられず、出番は限られた。当時の水沼には、絶対的な力が足りていなかったのかもしれない。

2010年夏、出場機会を求めて武者修行へ出ることを決意する。

以降、栃木SC、サガン鳥栖、FC東京、セレッソ大阪と渡り歩くなかで、プロサッカー選手としての価値を高めてきた。

サガン鳥栖の選手としてJ1初ゴールを記録したのは横浜F・マリノス戦。

セレッソ大阪の選手として天皇杯決勝点を決めたのも横浜F・マリノス戦。

節目となる試合の相手はトリコロールで、そのたびに不思議と力を発揮してきた。

そんな折、横浜F・マリノスから獲得オファーが届く。

「信じられなかった」

驚くのも無理はない。実に9年半ぶりの復帰要請である。

所属していたセレッソ大阪は強く慰留し、同じタイミングでサガン鳥栖からも再びオファーをもらった。

おおいに悩んで出した結論の決め手は「憧れ」だった。

「マリノスで輝くという夢を叶えるチャンスをもらえた。自分としては『昔とは違う』という思いもある。最後は『マリノスで輝きたい』という思いだけ。それが復帰を決めた一番の理由だった」

父親は、かつて日産自動車サッカー部やJリーグ草創期の横浜マリノスでプレーした元日本代表MF水沼貴史。クラブ史に名を刻むレジェンドプレーヤーである父の存在は、自身にとっての指標となった。

横浜F・マリノスのホームゲームでは、過去に在籍したレジェンドを集めた映像を流している。そこに父・貴史もいる。

「父さんがマリノスの選手としてプレーしていた試合を観戦した記憶が自分にはあまり残っていない。でもマリノスの歴史を振り返る映像には、必ず父さんが出てくる。だから自分も名を刻んで、そこに一緒に並びたい」

Jリーグ連覇を目指すチャンピオンチームに帰ってきた。

「昔もいまも、オレはずっとマリノスに憧れているから」

栗原勇蔵と同じく堂々とマリノス愛を叫ぶ男が、ここにもいた。

次はアジアの舞台で暴れまくる

2020年はJリーグと並行して、もうひとつ大きな大会を戦っていく。

AFCチャンピオンズリーグだ。

アジアナンバーワンを決める戦いの舞台に、横浜F・マリノスは2014年以来6年ぶりに立つ。

前回出場時はアウェイゲーム3試合をいずれも落とし、グループリーグ敗退に終わった。全北現代、メルボルン・ビクトリーFC、そして広州恒大の前に苦杯をなめた。

今回は違う――。

そう決意して臨んだ2月12日の初戦は、6年前と同じ全北現代とのアウェイゲームとなった。

横浜F・マリノスは立ち上がりから怒涛の勢いで攻めた。

Jリーグで見せているパフォーマンスそのままに、得意のボールポゼッションで韓国Kリーグ王者を圧倒する。まったく対応できない全北現代はたちまち混乱に陥り、Jリーグ王者はチャンスの山を築いていく。

迎えた前半33分、均衡を破る一撃を決めたのは東京五輪世代のアタッカーだった。松原健のスローインに抜け出した仲川輝人の折り返し、ファーサイドに走り込んだ遠藤渓太がダイレクトで蹴り込む。成長著しい22歳の若武者が、試合のすう勢を決める貴重な先制ゴールを叩き出した。

遠藤はその4分後にも得点をお膳立て。持ち前のスピードを生かして左サイドを抜け出してファーサイドの仲川へ鋭いクロスを送ると、戻りながらの対応になった相手DF

のオウンゴールを誘発して追加点を挙げる。

後半に入っても攻撃の手を緩めることなく決定機を作っていくが、相手GKの好セーブもあって3点目を奪えない。反対に守備陣の連係ミスから1失点したものの、2対1というスコア以上の内容で初戦を白星で飾った。


ただの1勝ではない。

横浜F・マリノスのサッカーをアジア全土に、ひいては世界に知らしめる価値ある勝利だ。

大きなガッツポーズを繰り出したアンジェ・ポステコグルー監督は「自分たちのサッカーができた。とてもいいゲームだった」と満足げ。

チーム統括本部がオフに獲得した梶川裕嗣とオナイウ阿道はこの重要な初戦に先発し、能力の片鱗を見せた。彼らは時間を費やすことでさらにスタイルに順応していくだろう。今後に向けて期待を抱かせるパフォーマンスだった。

新シーズンになってもリーグ優勝時と遜色ないチーム力を維持しているからこその勝利。それは〝継続は力なり〟を実証している。シティ・フットボール・グループの的確かつ迅速なサポートなくして、いまのサッカーは構築できなかっただろう。

そして選手たちは、海を渡った先の慣れない環境でも臆することなく戦い、堂々と自分たちを表現した。勝利以上に誇らしい出来事で、さらに逞しさを増した印象すらある。

扇原貴宏はJリーグとは異なる舞台でも十分に戦っていける手ごたえを得ていた。

「相手は混乱していたし、マリノスのサッカーにまったく対応できていなかった。チャンスもたくさん作れていた。より自信がつくゲームだった」

今度はアジアの舞台での大暴れを期待できそうだ。

物語を紡ぐ者たち

2019年の優勝によって、ユニフォームの胸にあるエンブレムの上には4つめの星が刻まれた。

Jリーグ優勝回数を意味する星を、これからも増やしていく。すでに5つめを目指した戦いは始まっており、常勝軍団復活を期す横浜F・マリノスは立ち止まらない。

苦労の末につかみ取ったリーグ優勝という成功体験は、新鮮な血肉となってチームを前進させている。しかしチームは20代半ばを過ぎたばかりの、いわゆる働き盛りな選手が主力の大半を占めている。まだまだ発展途上の段階だとすれば、これからの歩みは楽しみのほうが大きい。

さらに、今年2020年は東京五輪開催年でもある。

横浜F・マリノスからは遠藤渓太や渡辺皓太、オビ・パウエル・オビンナらが本大会メンバーの候補に挙がっている。

かつて日本代表だけでなく五輪代表など世代別代表にも多くの有力選手を輩出してきた歴史を持つ。現在も未来も、個人レベルでも常にスポットライトを浴びたい。そのために候補選手が果たす役割は大きい。

「2020年もトリコロールの年にしたい」

野望に満ちた遠藤の目は、本気そのものだ。

同時に、近年はOBの登用も積極的に行い、伝統を継承する役割を担う人材を確保する。それは未来への道標の役割を果たしてくれるだろう。優れた選手だけでなく、優れた指導者も輩出することで、クラブはワンランク上のステージに進める。

例えば2005年から2008年まで在籍していた大島秀夫は、2017年からジュ

アタッカーとして着実に成長を遂げ、これからのトリコロールを担う遠藤渓太。

ニアユース追浜のコーチに就任。指導者としての基礎を学んだ。2020年からは将来的なトップチーム指導を見据え、アカデミーのコーチを務めながらトップチームの練習にも参加している。

生え抜き選手はクラブの伝統を後世に伝えていく存在として、これからはさらにクローズアップされていくだろう。トップチームに関わることがすべてではなく、育成組織や事業部サイドでも元プロサッカー選手の知見を生かせる局面は多い。

もちろんCFGをはじめとする時代の最先端をいく革新的な事業も、変わらず重要な役割を果たしていくはずだ。

横浜F・マリノスは伝統と革新を融合さ

せることで、より強固な体制を築いていく。中長期的な視点を持ち、さらなる進化を目指す。

そしてJリーグのリーディングクラブとして、日本だけでなくアジアや世界に目を向けなければならない。

そのための変革は、これからも続いていく。

おわりに

横浜F・マリノスを追いかけて15年になる。

歴史あるクラブの変遷を間近で見続けることができたのは番記者としての自慢であり、大きな誇りだ。

だから2019年の優勝の瞬間、言葉にできない感動を覚えた。仕事中にもかかわらず、思わず感極まってしまった。

「マリノス、優勝おめでとう」

スマートフォンに届く何通ものメッセージが、まるで自分のことのようにうれしかった。

もちろんクラブとして優勝で終わりではない。むしろ始まりの合図なのだろう。

成功体験は自信に変わり、新たなモチベーションを与えてくれる。

でも、だからといって何かを保証してくれるわけではない。

これからの歩みも決して平坦ではなく、急な上り坂や思わぬ落とし穴が待ち受けているかもしれない。

そうやってクラブはこれからも歴史のページを増やしていく。

ファン・サポーターはその証人だ。

だからこそ、ときに立ち止まり、振り返ってほしい。思い出してほしい。考えてほしい。横浜F・マリノスがこの街にある意味を。

本書に登場する人物は、全員が横浜F・マリノスの歴史を紡いできた者たちだ。誰ひとりとして欠かすことのできない主役である。

だが全員の名前を挙げることは難しく、内容も歴史の一部に過ぎない。この大役をしっかりと担い、責任をはたせるのか。自問自答しながら制作を進めてきた。

あらためて、取材に応じてくれた関係者の方々に、心から感謝したい。


すべてはつながっている。

すべてはつながっていく。

横浜F・マリノスがあるかぎり、物語は終わらない。

藤井雅彦

横浜F・マリノス　変革のトリコロール秘史

著者　藤井雅彦（ふじい　まさひこ）

2020年4月15日　初版発行
2020年5月 1 日　2版発行

装丁　建山 豊（TRIAD G.K.）
写真　J.LEAGUE ／株式会社アフロ
校正　玄冬書林
編集協力　内田克弥（ワニブックス）
編集　中野賢也（ワニブックス）

発行者　横内正昭
編集人　内田克弥

発行所　株式会社ワニブックス
〒150-8482
東京都渋谷区恵比寿4-4-9　えびす大黒ビル
電話　03-5449-2711（代表）
　　　03-5449-2716（編集部）
ワニブックスHP　http://www.wani.co.jp/
WANI BOOKOUT　http://www.wanibookout.com/
WANI BOOKS News Crunch　https://wanibooks-newscrunch.com/

印刷所　株式会社 美松堂
DTP　建山 豊（TRIAD G.K.）
製本所　ナショナル製本

本文内写真：日刊スポーツ／アフロ(P35)・アフロスポーツ(P40)・アフロ(P234・P260)・AFP／アフロ(P248)
口絵写真：築田純／アフロスポーツ・YUTAKA ／アフロスポーツ・Penta Press ／アフロ

定価はカバーに表示してあります。

落丁本・乱丁本は小社管理部宛にお送りください。送料は小社負担にてお取替えいたします。

ただし、古書店等で購入したものに関してはお取替えできません。

本書の一部、または全部を無断で複写・複製・転載・公衆送信することは
法律で認められた範囲を除いて禁じられています。

© 藤井雅彦2020
ISBN 978-4-8470-9906-9